GABRIEL E. AFFENTRANGER
Unaspektierte Planeten

Standardwerke der Astrologie

GABRIEL E. AFFENTRANGER

Unaspektierte Planeten

Der Schalter für eine starke Energie
im Horoskop

CHIRON VERLAG

Du sollst dich nicht nach einer vollkommenen Lehre sehnen,
sondern nach einer Vervollkommnung deiner selbst.
Die Gottheit ist in dir,
nicht in Begriffen und Büchern.

Hermann Hesse in Siddhartha

Wisse, deine Zukunft ist so, wie du entscheidest,
dass sie sein wird.
Was immer du beschließt zu glauben, so wird es sein.
Nun, jetzt wähle also, was für dich passend ist, was du zu
glauben wünschst.

Ramtha

ISBN 3-89997-108-6

Deutsche Erstausgabe
Alle Rechte vorbehalten
© Chiron Verlag Tübingen 2004
Umschlag: Walter Schneider
© Umschlagfoto Mauritius
Druck: Finidr, Český Těšín

Zu beziehen durch den Buchhandel oder direkt beim:
Chiron Verlag, Postfach 1250, D-72002 Tübingen
www. chironverlag.com

Inhalt

Einführung 9

Definition 11

Bildhafte Vergleiche 12
    Der Solist im Orchester 12
    Der unabhängige Wilde 13
    Der abgewandte Teilnehmer im Kreis 13
    Das Einzelkind bzw. der Einzelgänger 14
    Das Tier im Dschungel 15
    Der wenig besuchte Raum 15
    Der Schalter für eine starke Energie 16

Das Wesen unaspektierter Planeten 17
    Bedeutung 17
    Inhalt 18
    Wirkungsweise 18
    Polarität »Alles-oder-nichts« 19
    Stärke 20
    Psychische Wahrnehmung 20
    Autonomie versus Isolation 21
    Entwicklung 22
    Projektion 23
    Zusammenfassung 23
    Karmische Prüfung? Rückläufige Planeten?
    Konjunktionen mit Mondknoten? 27

Die Modifizierung abgehängter Planeten 29

Stolpersteine für Astrologen 31
    Hinweis 1: Reflexion mit dem eigenen Horoskop 31
    Hinweis 2: Der unaspektierte Planet kann ein wichtiger
    Inhalt der Beratung sein 32
    Hinweis 3: Der unaspektierte Planet kann berufsweisend sein 32
    Hinweis 4: Das Alter des Klienten kann entscheidend sein 33

Die Deutung unaspektierter Planeten 34
- *Allgemeine Überlegungen* 34
- *Struktur der Deutungstexte* 38
- *Unaspektierte persönliche Planeten* 39
- *Die unaspektierte Sonne* 40
- *Der unaspektierte Mond* 46
- *Der unaspektierte Merkur* 53
- *Die unaspektierte Venus* 61
- *Der unaspektierte Mars* 67
- *Unaspektierte gesellschaftliche Planeten* 75
- *Der unaspektierte Jupiter* 76
- *Der unaspektierte Saturn* 84
- *Unaspektierte geistige Planeten* 91
- *Der unaspektierte Uranus* 93
- *Der unaspektierte Neptun* 99
- *Der unaspektierte Pluto* 105

Die Integration unaspektierter Planeten 112
- *Integration auf erster Ebene* 113
- *Integration auf zweiter Ebene* 116
- *Integration auf dritter Ebene* 120

Sonderformen der Unaspektiertheit 125
- *Das Duett* 125
- *Ein einziger Aspekt: Eine Sonderform?* 126

Über den Autor 127

Literatur zum Thema 129

Anmerkungen 130

Einführung

Selbst habe ich keinen unaspektierten Planeten in meinem Horoskop, aber eine gewisse Affinität vom Wassermann-Uranischen zum Wesen der abgehängten Planeten wurde mir beim Erarbeiten dieses Buches schnell klar. Um es vorwegzunehmen: Planeten ohne Aspekte sind eben nicht so, wie man auf den ersten Blick vermutet – und sie sind vor allem immer für eine Überraschung gut.

Meine statistischen Nachforschungen und meine eigene Sammlung von Horoskopen legen nahe, dass in 5 – 15% aller Horoskope ein unaspektierter Planet zu Gast ist. Dies bedeutet, dass jeder Astrologe bei etwa jedem zehnten Klienten mit der Aufgabe einer Interpretation eines nicht eingebundenen Planeten konfrontiert werden kann.

Angesichts dieser Häufigkeit wäre eigentlich zu erwarten, dass eine ausführliche astrologische Literatur zum Thema bereitstünde, um ihn dabei zu unterstützen. Nun, dem ist nicht so. Und dies erstaunt. Es lassen sich zwar in verschiedenen Büchern einige Angaben zur Interpretation unaspektierter Planeten finden. Jedoch gibt es weder ein spezielles Buch dazu, noch wirklich erschöpfende Erläuterungen.

Erschwerend und verwirrend kommt hinzu, dass sich die wenigen bestehenden Textquellen zum Thema in einer Art widersprechen, wie sie es wohl nicht stärker könnten. Zwar sind wir mit diesem Umstand bereits dem Wesen der abgehängten Planeten auf der Spur – und doch – besonders hilfreich ist dies nicht.

Meine persönliche Hypothese ist, dass die wenige vorhandene Literatur zu aspektlosen Himmelskörpern ein Spiegelbild dafür ist, wie schwer diese – zumindest verbal – einzufangen sind. So viel vorweg: Alle in der Literaturliste aufgeführten Schriften habe ich in meinen Texten verarbeitet. Dies bedeutet, dass Sie, lieber Leser[1], hier in moderner Sprache ausgedrückt sozusagen eine Art »ultimative« Zusammenführung der aufgeführten Textquellen in Händen halten. Ich möchte mich an dieser Stelle bei allen Autoren für die Vorarbeit und Inspiration bedanken.

Wie ich später noch genauer ausführen werde, handelt es sich beim vorliegenden Text jedoch mitnichten um eine bloße Zusammenfassung bestehender Texte, sondern auch um einen eigenen schöpferischen Akt »sui generis«[2]. Mein Fische-Mond fühlt sich in die Planeten hinein und gibt alle dabei entstehenden Eindrücke und Emotionen an meinen 9. Haus Steinbock-Merkur weiter, der seinerseits bei den Deutungen für eine klare Sprache sowie eine sinnvolle und übersichtliche Struktur sorgt. Meine Wassermann-Venus am MC liefert eine nette und appetitliche Darstellung und meine Wassermann-Sonne lässt Sie vielleicht von Zeit zu Zeit unerwartet schmunzeln (oder die Stirn runzeln – mit fünf Horoskopfaktoren im Zeichen Wassermann fallen meine Bemerkungen manchmal auch in die Kategorie »Bestehendes in Frage stellen«). In diesem Sinne wünscht Ihnen mein 1. Haus Zwillings-Jupiter gute Unterhaltung bei der Lektüre!

Definition

Als unaspektiert bezeichne ich im Folgenden Planeten, die nicht durch einen Hauptaspekt mit einem anderen Planeten verbunden sind (also alle 30°-Winkel: Konjunktion 0°, Halbsextil 30°, Sextil 60°, Quadrat 90°, Trigon 120°, Quinkunx 150°, Opposition 180°). Planeten mit vielen Nebenaspekten gelten trotzdem als unaspektiert.[3]

Orben machen eine Aussage über die Sensitivität und Dichte der einzelnen Aspekte in einem Horoskop. Je kleiner man die Orben setzt, desto mehr abgehängte Planeten werden im Horoskop auftreten. Dafür kommt in diesen Fällen die Kernpersönlichkeit besser zum Vorschein. Das Setzen der Orben ist folglich auch eine Frage nach dem Setzen eines Fokus. Es macht also Sinn, einen Planeten ohne Aspektierung nicht einfach unkritisch als solchen zu akzeptieren, sondern ihn zuerst im Lichte und der Philosophie der verwendeten Orben und damit einhergehenden Fokussierung zu betrachten.

Bildhafte Vergleiche

Ein besonders hervorstechendes Charaktermerkmal eines unaspektierten Planeten ist seine unvorhersagbare Natur. Gewöhnlich werden unsere Deutungen, wie ein Planet seine Impulse ausagieren könnte, durch das Vorhandensein von Aspekten zu diesem Planeten bestimmt. Aber wenn keine Winkelverbindungen in Betracht gezogen werden können, was kann man dann als Astrologe in Hinsicht auf den Ausdruck dieses Planeten erwarten?

Die Antwort darauf – oder besser die Antworten – möchte ich zum Einstieg anschaulich machen, indem ich Ihnen einige Vergleiche anbiete, damit Sie ein Bild und ein Gefühl für die Thematik bekommen. Dies im Wissen, dass einige dieser Vergleiche bereits mögliche Meinungen über die Wirkungsweise abgehängter Planeten ausdrücken, und sich diese sogar gegenseitig widersprechen können. Trotzdem bin ich mir sicher, dass das Entstehen eines Bildes in Ihrem Kopf oder eines Gefühls in Ihrem Bauch diesen Umstand aufwiegt.

Der Solist im Orchester

Der für mich schönste Vergleich ist der mit einem Solisten in einem Orchester. Während als Komponist sozusagen das göttliche Schicksal gewirkt hat, versucht die innere Seele oder die äußere Gesamtpersönlichkeit ihr Bestes, die verschiedenen

Stimmen (Teilpersönlichkeiten) bzw. Instrumente (Planeten) zu führen und in eine Harmonie zu bringen. Ein abgehängter Planet kann nun die Rolle eines Solisten haben, der oft gar keinen Auftritt hat, dann aber wieder ganz alleine spielt oder alle anderen im Orchester übertönt. Er kann brillieren und dem Stück seine eigene Note geben oder auch versagen und damit das ganze Orchester blamieren. Zu guter Letzt hat ein Solist häufig auch etwas Divenhaftes. Diese außergewöhnliche Persönlichkeit entzieht sich oft genug der Kontrolle eines Dirigenten und macht, was sie für richtig hält oder wozu sie sich aus einem inneren (künstlerischen oder schöpferischen) Drang berufen oder gezwungen fühlt.

Der unabhängige Wilde

Das Wesen eines unaspektierten Planeten kann als das eines unabhängigen Wilden beschrieben werden: Versehen mit einem sonderbaren Talent und seinen eigenen Tücken, manchmal sogar auf eine eigene Art genial – also sehr dem Planeten Uranus ähnlich. Es ist in der Natur dieses geistigen Planeten, unbeständig und unprognostizierbar zu sein. Auch ein Planet ohne Aspekte zeigt, wo ein Mensch allein oder unerreicht dasteht. Die Richtung, in der sich der Planet auswirkt, kann ungewiss, sporadisch und unregelmäßig sein. Obwohl es dem Planeten an Stabilität mangelt, könnte er ein geniales Talent repräsentieren, auch dies eine Parallele zu Uranus.

Der abgewandte Teilnehmer im Kreis

Ein weiteres Bild ist ein Kreis von (Teil-)Persönlichkeiten (wie auch im Tierkreis dargestellt), in dem eine Person sich mit ihrem Stuhl von der Gruppe abgewandt hat und so nach außen, statt – wie alle anderen – nach innen schaut. Mit dieser Haltung bekommt diese Person eine Sonderstellung, sie fällt auf, kann mithören oder nicht (oder so tun als ob) und auch selbst körperlich oder verbal aktiv werden, wobei ihre Worte dann nicht gegen die Gruppe, sondern ins Leere gerichtet sind.

Das Einzelkind bzw. der Einzelgänger

Ein unaspektierter Planet kann eine Art »Einzelkind« sein und dadurch zum Brennpunkt der Aufmerksamkeit werden.

Auch das Bild des Einzelgängers ist durchaus zutreffend. In der Familie der Planeten im Horoskop ist das so, als sei eine von zehn Personen isoliert. Diese nicht eingebundene Person ist ein Einzelgänger, sie steht außerhalb der Gemeinschaft, wenn auch nicht gerade ausgeschlossen. Sie findet für ihre Kraft keine Verbindung im Außen, kann ihre Kraft nicht an den Kräften anderer Familienmitglieder messen und findet auch keine Ergänzung. Diese Person wird dann ihren eigenen Weg gehen, vielleicht einfach mal drauflos. Nicht, dass dieses isolierte Familienmitglied keine Kraft hätte, eher im Gegenteil, da sie vogelfrei und ungebunden ist. Aber der eigene Ausdruck bleibt unreflektiert und ist nur schwer im Sinne eines sozial erwünschten Verhaltens zu kontrollieren und zu steuern.

Die normale Entwicklung eigener Kräfte und Wesensanteile beinhaltet ja, dass diese von Zeit zu Zeit aneinander geraten und sich im Widerstreit befinden. Dann geht es unruhig zu, vielleicht wird sogar gekämpft, bis schließlich der gemeinsame Weg gefunden ist. Beide Teile erkennen so ihre Kräfte und sehen, dass ein Kompromiss beiden dienen kann. Diese Entwicklung führt zwar zu Krisen, aber diese Krisen bringen einen weiter. Über Umwege der Verständigung kann aus dem Verschiedenen das Gemeinsame wachsen. Das braucht seine Zeit, jeder muss erst den anderen begreifen und in sich verstehen. So verständigen sich die Kräfte, reiben sich aneinander, keine ist mehr für sich allein tätig. Ein absolutes Durchsetzen einer der zehn Teile über alle anderen gibt es nicht mehr. Einem unaspektierten Planeten ist eine solche Entwicklung verwehrt; er kann sich nicht messen und nur schwer wird er lernen, Rücksicht auf andere zu nehmen und Gemeinsamkeiten zu schätzen. Wenn ein nicht eingebundener Planet aktiv ist, wird er immer etwas Egoistisches haben und zuerst einmal sich selbst wichtig nehmen.

Das Tier im Dschungel

Ein Planet ohne Aspekte kann mit einem Tier verglichen werden, das – im Dschungel lebend – manchmal unsichtbar ist, manchmal aber auch sein Gebrüll hören lässt, voller Kraft und Glanz präsent ist und dann eine starke Wirkung auf seine Umwelt ausübt. Es lebt ungestört von feindlichen Einflüssen, aber auch ohne fremde Unterstützung sein Leben. Zu manchen Zeiten hat es hart zu kämpfen, wodurch es lernt, für sich selbst die Verantwortung zu übernehmen. So existiert es, wie es von der Natur angelegt worden ist. Es drückt seine Energie (Planet und Zeichen) in seinem Revier (Haus) auf eine urtümliche Weise aus.

Der wenig besuchte Raum

Wenn man die Persönlichkeit bildlich als ein Haus beschreiben würde, dann wäre der unaspektierte Planet ein fensterloser und schallisolierter Raum in diesem Haus. Nur selten besucht man ihn, ja manchmal findet man ihn nicht einmal. Ist man einmal drin, fällt die Türe ins Schloss und durch die gute Schallisolierung ist man vom restlichen Haus abgeschnitten. Dafür kann man aber auch ungeniert darin herumtoben, ohne eine Wirkung nach außen zu erzielen.

Der Schalter für eine starke Energie

Unaspektierte Planeten fühlen sich manchmal ähnlich an wie exakte Konjunktionen, doch anders als bei einer Konjunktion fühlt sich ein abgehängter Planet eher isoliert im Umgang mit seinen Grundprinzipien.

Das Hauptunterscheidungsmerkmal eines unaspektierten Planeten ist, dass er seine wahre Natur besser erhalten und bewahren kann als ein aspektierter Planet. Ein Planet ohne Aspekte kann ziemlich intensiv und eindeutig in seinem Ausdruck erscheinen, da seine Energie nicht durch andere Planeten, die durch andere Tierkreiszeichen wirken, gefärbt wird.

Und da keine anderen Häuser beteiligt sind, wird dieser Planet seine Manifestation auf ein spezielles Gebiet konzentrieren. Dort verschmelzen keine Prinzipien miteinander und daher wird der natürliche Ausdruck des Planeten offensichtlich auch nicht modifiziert. Planeten ohne Aspekte werden nicht dazu angeregt, sich in der vielschichtigen Weise aspektierter Planeten auszudrücken. Das Prinzip eines isolierten Planeten neigt dazu, entweder aktiv oder inaktiv zu sein, wobei es keinen Mittelweg gibt. Der Horoskopeigner neigt dazu, das Planetenprinzip willkürlich wie einen Schalter an- und abzustellen oder sieht sich gezwungen, dies unwillkürlich geschehen zu lassen. Als Schlussfolgerung bleibt, dass, aufgrund dieses schwankenden Charakters, die Kraft der unaspektierten Planeten sehr schwer zu ermitteln ist.

Das Wesen unaspektierter Planeten

Bedeutung

Warum sollte ein unaspektierter Planet überhaupt von Bedeutung sein? Weshalb sind Aspekte überhaupt bedeutsam? Der psychische Inhalt eines aspektierten Planeten ist mit einem anderen psychischen Inhalt verbunden. Dieser andere Inhalt kann durch einen weiteren Aspekt wieder mit anderen Inhalten verbunden sein. In dieser Weise können mehrere Inhalte miteinander verknüpft sein, die in einem ständigen gegenseitigen Austausch stehen, aufeinander einwirken, einander beeinflussen.

Aspekte ermöglichen einem Planeten, durch die Interaktion mit anderen Planeten Erfahrungen zu machen, die seine Bewusstseinsentwicklung vorantreiben. Aspekte regen einen Planeten an, sein Potential zu erproben und dadurch seine innere Fähigkeit zu entwickeln, sich durch eine Vielfalt von Erfahrungen auszudrücken. Aspekte ermöglichen Planeten, ihre Kräfte in einer Weise zu kombinieren, die neue Dimensionen für beide beteiligten Parteien eröffnet.

Ein unverbundener Planet bildet keine Beziehungen oder Allianzen. Er wird von anderen Planeten weder gehemmt noch stimuliert. Er muss gewissermaßen alleine zurechtkommen. Wenn also ein Planet unaspektiert ist, verspürt er einen geringeren Drang, sich in einem breiteren Spektrum von Aktivitäten zu entfalten, wie es für aspektierte Planeten typisch ist. Ein solcher Planet verhält sich also in einer höchst unabhängigen und autonomen Weise aufgrund der Tatsache, dass er keine Beziehungen zu anderen Planeten eingeht.

Als Fazit bleibt festzuhalten, dass ein abgehängter Planet mindestens so wichtig ist wie ein Planet in einer Aspektbeziehung, jedoch ganz anders funktioniert und wirkt.

Inhalt

Ein unaspektierter Planet steht in dem betreffenden Zeichen und Lebensbereich für eine reine und unverfälschte Energie. Es gibt hier keine Einschränkungen oder Herausforderungen durch schwierige Aspekte wie beispielsweise Quadrat oder Opposition, aber auch keine Harmonisierung oder Glättung durch Trigone oder Sextile.

Wirkungsweise

Ein unaspektierter Planet manifestiert sich in der Regel klar und unverkennbar. Er ist auf keinen Fall schwach und schon gar nicht schlecht. Außerdem darf man nicht dem Irrtum erliegen, dass man mit einem abgehängten Planeten nichts anfangen kann und dass er eine geringere Wirkung hätte. Oft ist gerade das Gegenteil der Fall. Er wirkt einfach gemäß seiner speziellen Art. Unaspektierte Planeten findet man auch in Horoskopen von sehr begabten Menschen, und nicht selten liefern diese Planeten einen Hinweis auf die Richtung, die das Leben eines solchen Menschen nimmt. Ein Beispiel hierfür ist die unaspektierte Venus bei vielen Musikern und anderen Künstlern. In der Geschichte findet man genügend Beispiele für die deutlich positive Wirkung eines nicht aspektierten Planeten. David Hamblin, der eine Studie über mehr als hundert Komponisten verfasste, fand klare Hinweise darauf, dass der Charakter ihrer Musik oft mit der Natur eines nicht aspektierten Planeten zusammenhängt.

Häufig befindet sich der Horoskopeigner auf einer stetigen Suche nach dem Inhalt eines nicht aspektierten Planeten. Dies geschieht wahrscheinlich ziemlich zwanghaft, so dass ein solcher Planet auch den Beruf anzeigen kann. Leider ist es so, dass man die Art dieses Inhalts in sich selbst nicht ohne weiteres erfassen kann. Die Betonung, die ein solcher Planet bekommt, weil man ständig mit ihm beschäftigt ist, kann seine Äußerungsmöglichkeiten vergrößern, in gewisser Weise bleibt er jedoch immer ein wenig ungreifbar und schwer steuerbar. Man erlebt vieles im Leben, was mit dem Planeten zu tun hat, aber hat es nicht im Griff, fühlt sich oft überrumpelt; der Einfluss des Planeten lässt sich einfach nicht voraussagen. All diese Wirkungen können jedoch durch ein Bestehen von so genannten »Good-Will-Aspekten« geschmälert werden, die für den eigentlich isolierten Planeten ein Auffangnetz bilden.

Normalerweise mangelt es dem Planeten an Stabilität, er wirkt sporadisch und unbeständig. Oft konzentriert sich seine Wirkung auf das spezielle Haus-Gebiet. Dies kann bis zu seiner Delegation an das Haus bzw. die Umwelt gehen.

Polarität »Alles-oder-nichts«

Häufig wird ein Planet ohne Winkelverbindung auf abrupte oder zwanghafte Weise zum Ausdruck gebracht. Möglicherweise stellt der Mensch diese eine Form der Energie in den Vordergrund, ohne auf die anderen Teile seines Wesens einzugehen. Auf der anderen Seite kann es dazu kommen, dass der betreffende Planet überhaupt nicht zum Ausdruck gebracht wird – dass er im Selbstbild und in der Selbstdarstellung fehlt. Der isolierte Planet ist gewissermaßen unsichtbar, aber gleichzeitig präsent und voller Kraft und Glanz. Der Planet ist meistens entweder aktiv oder inaktiv, wobei es keinen Mittelweg gibt (»Alles-oder-nichts«).

Stärke

Unaspektierte Planeten kommen im Charakter fast immer deutlich zum Ausdruck; die entsprechende Energie ist überreichlich vorhanden. Häufig ist es die Energie des aspektlosen Planeten, die den Menschen beherrscht und nicht umgekehrt. So könnte man beispielsweise einen Menschen mit einem unaspektierten Merkur für einen Zwilling halten. Ein isolierter Planet ist eine starke und unnachgiebige Verkörperung des Prinzips.

Psychische Wahrnehmung

Da ein unaspektierter Planet in keinerlei Kontakt mit anderen psychischen Inhalten steht, entgeht dem Betreffenden oft seine Wirkung. Er erkennt die Äußerungen des Planeten nicht ohne weiteres, hat oft das Gefühl, dass sein Inhalt zwar irgendwie eine Ausdrucksmöglichkeit bietet, weiß aber nicht, wie und wann. Weil dieser Inhalt nicht in die übrige Psyche eingegliedert ist, erfährt der Betreffende diesen Planeten als einen nicht integrierten Seelenanteil, dem er nachspüren muss, weil er eine geheimnisvolle Anziehungskraft auf ihn ausübt. Den Inhalt als solchen spürt er durchaus, aber er weiß ihn weder einzuordnen noch zu benennen. Deshalb wird er irgendwann dazu neigen, den Inhalt des nicht aspektierten Planeten stark zum Ausdruck zu bringen. Durch diese unbewusste Betonung wird der Planet besser »sichtbar« und kann dadurch eher erkannt werden. Diese Betonung verschärft aber zugleich mögliche Probleme, denn die Umgebung erfährt den abgehängten Planeten auch ohne Betonung sehr wohl und hat möglicherweise unter dieser überkompensierten Äußerung zu leiden. Diese Betonung tritt dabei nicht konstant auf. Ein isolierter Planet äußert sich ungleichmäßig und ist in diesem Sinne unzuverlässig. Diese Äußerungen sind oft der Situation (Zeit und Umstände) unangemessen: einmal zu stark, dann wieder zu schwach. Die Unfähigkeit, den Ausdruck eines nicht aspektierten Planeten in den Griff zu bekommen, führt leicht zu Unbeständigkeit oder sogar zur beschriebenen »Alles-oder-nichts-Haltung«. Da einem unaspektierten Planeten Vergleiche, Feedbacks und Kontrollen fehlen, ist es schwierig, durch persönliches Handeln Selbstbewusstsein zu erlangen.

Autonomie versus Isolation

Himmelskörper ohne Aspektverbindung scheinen genau die Eigenschaften zum Ausdruck zu bringen, die sie nach ihrer Stellung in den Zeichen haben müssten. Ein abgehängter Planet weist darauf hin, dass die psychologischen Eigenschaften, die er symbolisiert, nicht oder nur mit sehr großen Schwierigkeiten in den Charakter integriert werden können. Was diese Himmelskörper symbolisieren, wird im Charakter als abgetrennter Bereich, eine Art innerer Spaltung, erfahren. Man könnte die isolierten Planeten als psychologische Faktoren bezeichnen, die mehr oder weniger losgelöst existieren und eine eigenständige Entwicklung durchlaufen.

Ein losgelöster Planet ist eine Wesenskraft, eine Teilpersönlichkeit ohne permanente feste Steuerung durch unser Bewusstsein. Er ist ein allein funktionierendes Prinzip in der Persönlichkeit, das ganz selbständig auf Umweltreize reagiert, manchmal automatisch und nach einem fixen Muster. Vielleicht repräsentiert er eine an sich selbst beobachtete aber dennoch unbewusste Eigenart, eine nie richtig verstandene Seite der Persönlichkeit. Der Planet entspricht einer Wesensqualität, die entweder schlummert oder der eigenen Willenssteuerung entzogen ist, bis sie durch innere oder äußere Reize bewusst wird.

Der abgehängte Planet steht mit seiner psychischen Potenz alleine da und wird durch keine Verbindung mit anderen Planeten verändert. Er wird weder gehemmt noch stimuliert und kann ganz er selbst sein. Da er aber in keiner Verbindung zum übrigen Aspektbild steht, bleibt dem Menschen sein Inhalt fremd. Diese Planetenqualität ist nicht in die Bewusstseinsstruktur eingegliedert, weshalb der Betreffende sie auch nicht als integrierten Seelenanteil erlebt. Der Planet ist schwer zugänglich, führt ein Eigenleben, funktioniert weitgehend autonom.

Ein abgehängter Planet verspürt nur einen geringen Drang, sich einem breiteren Spektrum von Aktivitäten zu öffnen, in Interaktion zu treten, Erfahrungen mit anderen zu machen. Trotzdem oder gerade deshalb entsteht oft ein Gefühl der Isolation im Umgang mit den Planeten-Grundprinzipien.

Entwicklung

Ohne Quadrate oder Oppositionen erlebt ein unaspektierter Planet weder den Stress der üblichen Herausforderungen im Leben, noch erhält er die zusätzliche Kraft, die für einen Planeten typisch ist, wenn er in einem Spannungsaspekt steht. Vielleicht arbeitet ein solcher Planet auf eine besondere Ebene der Entwicklung hin, die nicht erreicht werden kann, wenn er stark aspektiert ist.

Obwohl sich hier kreative Betätigungsfelder für den Selbstausdruck schwerer finden lassen (im Gegensatz zum Trigon oder Sextil, wo dies eher der Fall ist) oder nicht so sehr geschätzt werden, könnte der unaspektierte Planet sein Potential dennoch mit größerem Einfluss innerhalb eines exklusiven Lebensbereichs manifestieren (angezeigt durch seine Hausposition und durch die Wirkung seines Zeichens). Er könnte sich auch durch das Haus (die Häuser) entfalten, über das (die) er im Horoskop herrscht. Die Stellung innerhalb des Hauses ist bei einem aspektlosen Planeten noch wichtiger als bei »normalen« Planeten. Steht er an der Hausspitze, kann seine Entwicklung von außen angeregt werden, während er am Talpunkt[4] nur von innen her unterstützt und entwickelt werden kann.

Wenn abgehängte Planeten wirken, sind zu dieser Zeit nur sie selbst wichtig, alles andere ist vergessen. Es kann sein, dass sie ab und zu aktiviert werden müssen, damit sie endlich wachsen bzw. vom Horoskopeigner entwickelt werden können. Diese Planeten können – so gegensätzlich das auch klingt – auf ausgesprochene Talente hinweisen und somit hoch entwickelte Fähigkeiten anzeigen; Fertigkeiten, die nicht mehr wachsen müssen. Wie andere Horoskopstellungen, die sich innerhalb einer Familie wiederholen, kann es sich bei einem abgehängten Planeten auch um ein Familienthema handeln.

Projektion

Ein abgehängter Planet ist oft ein Projektionsthema. Dies äußert sich, indem der Horoskopeigner die betroffenen Themen bzw. den Planeten als Kraft auf Objekte und Personen projiziert bzw. delegiert. Diese Objekte und Personen gehören thematisch meistens zur Hausstellung. Solange ein Mensch den Planeten in der Projektion »lebt«, wird er keinen Zugang zu ihm finden.

Zusammenfassung

In der folgenden Checkliste sind die Eigenschaften unaspektierter Planeten zusammengefasst. Die Unterteilung in »minus« und »plus« ist künstlich; die Begriffe können je nach Perspektive auch der jeweils anderen Kategorie zugeteilt werden. Widersprüchliche Eigenschaften können auf ein und denselben Planeten zutreffen, sie werden jedoch phasenweise nacheinander und nicht gleichzeitig zum Ausdruck gebracht.

Eigenschaften eines unaspektierten Planeten: »Minus-Seite«

- Keine Stimulierung anderer Planeten. Erhält keine zusätzliche Kraft oder Antrieb (z.B. durch Spannungsaspekte). Kein Messen mit anderen. Keine Ergänzung von und mit anderen. Keine Harmonisierung oder Glättung durch Trigone oder Sextile.
- Empfindliche Stelle, Gefühle der Schutzlosigkeit und Verletzbarkeit. Zeigt, wo ein Mensch allein oder unerreicht dasteht. Muss alleine zurechtkommen. Gefühl der Isolation, Einzelgänger, außerhalb der Gemeinschaft. Schwer zugänglich, führt ein Eigenleben, autonom. Eine Art »Einzelkind«, im dauernden Brennpunkt der Aufmerksamkeit.
- Wirkung wird vom Betreffenden oft nicht wahrgenommen. Nicht in die übrige Psyche eingegliedert bzw. in den Charakter integriert. Inhalt wird gespürt, kann aber weder eingeordnet noch benannt werden. Fehlen im Selbstbild und in der Selbstdarstellung; Planet wird nicht zum Ausdruck gebracht.
- Überkompensation, kann zu Problemen mit der Umgebung führen.
- Unbeständig, sporadisch, unregelmäßig, ungleichmäßig, unzuverlässig, unangemessen bezüglich Stärke und Umstände, ungreifbar, unberechenbar, unkontrollierbar.
- Abrupter oder zwanghafter Ausdruck.
- Manchmal unsichtbar, aber trotzdem deutlich spürbar und mit starker Wirkung.

- »Alles-oder-nichts-Haltung«.
- Zwanghafte Suche nach Inhalten und Ausdrucksmöglichkeiten.
- Faktor, der losgelöst existiert und eine eigenständige Entwicklung durchläuft. Reagiert selbständig auf Umweltreize. Abgetrennter Bereich.
- Eine an sich Beobachtete, aber unbewusste Eigenart; eine nie richtig verstandene Seite der Persönlichkeit.
- Wesensqualität, die schlummert oder der eigenen Willenssteuerung entzogen ist, bis sie durch innere oder äußere Reize bewusst wird.
- Kreative Betätigungsfelder für den Selbstausdruck lassen sich schwer finden.
- Einfluss lässt sich nicht voraussagen, man hat es nicht im Griff, fühlt sich oft überrumpelt. Mangel an Kontrolle in seinen Handlungen oder Augenblicke eines schwankenden Ausdrucks. Neigung, stark in den Vordergrund zu treten, allerdings in einer unberechenbaren Weise.
- Projektion bzw. Delegation der Themen auf Objekte und Personen, die mit der Hausthematik in Verbindung stehen.

Eigenschaften eines unaspektierten Planeten: »Plus-Seite«

- Kann ganz er selbst sein, rein, unverfälscht. Kann seine wahre Natur besser bewahren.
- Erfährt keine Hemmung von anderen Planeten, unterliegt nicht dem Stress von Spannungsaspekten.
- Unabhängig, autonom.
- Übt geheimnisvolle Anziehungskraft aus.
- Starker Ausdruck, wenn aktiviert. Bringt seine Natur vollständig zum Ausdruck.
- Klar und unverkennbar, wenn aktiviert. Intensiv und eindeutig.
- Anzeige für Begabung, geniales Talent und Beruf.
- Genauer Ausdruck der Zeicheneigenschaften.
- Manifestation konzentriert sich auf ein spezielles Gebiet (Hausposition).
- Eigener, bedeutsamer und charakteristischer Ausdruck.
- Unsichtbar, aber präsent und voller Kraft und Glanz.
- Kann auf ausgesprochene Talente hinweisen. Fertigkeiten, die nicht mehr wachsen müssen oder ab und zu aktiviert werden müssen, damit sie endlich entwickelt werden können.
- Durch starke Betonung kann Eigenschaft stark entwickelt und zu einer positiven Gabe werden.

*Karmische Prüfung? Rückläufige Planeten?
Konjunktionen mit Mondknoten?*

Nach Meinung anderer Autoren stellen unaspektierte Planeten in karmischen Begriffen Gaben und Fähigkeiten dar, welche auf Verdiensten aus einer früheren Existenz (oder früheren Existenzen) beruhen. Manchmal wird argumentiert, dass nicht eingebundene Planeten auf »schwere karmische Prüfungen« hinweisen und für gewöhnlich erkennen lassen, »dass wir es mit einer alten Seele zu tun haben«.[5] Auch ich versuche in meinen Sitzungen, Spiritualität mit Astrologie zu verbinden, und Reinkarnation halte ich für eine Tatsache. Trotzdem unterstütze ich die Meinung »abgehängter Planet = karmisches Thema« nicht. Das Horoskop kann als Ganzes karmisch gedeutet werden, wenn man dies möchte. Bringt man das Thema »Karma« tatsächlich in eine Sitzung hinein – was ich persönlich nie tue – dann ist meiner Meinung nach ein abgehängter Planet so karmisch oder unkarmisch wie jeder andere Horoskopfaktor auch, vielleicht mit Ausnahme der Mondknotenachse. Persönlich bin ich der Meinung, dass karmische Argumentationen in einer Beratung keine zusätzliche Hilfestellungen bringen. Im Gegenteil: Das Horoskop wird noch mehr mystifiziert, und der Astrologe läuft Gefahr, in die Rolle eines Wahrsagers zu verfallen, der sogar noch über frühere Leben Auskunft geben kann. Ich fühle, dass ein Horoskop als Bild für unser *jetziges* Leben gilt und dies als Arbeitsgrundlage bereits schwer genug ist.

Einige Autoren vergleichen abgehängte Planeten mit rückläufigen Planeten oder Konjunktionen mit dem absteigenden Mondknoten. Auch hier finde ich eine gewisse Vorsicht angebracht. Beides sind spezielle Phänomene, deren Deutung anspruchsvoll ist und vielen Astrologen das Leben schwer machen. Genau das ist auch das einzig Gemeinsame mit einem nicht eingebundenen Planeten. Die drei Phänomene auch *inhaltlich* miteinander zu verbinden, halte ich für wenig sinnvoll.

Ein Vergleich mit dem Planetoiden Chiron sehe ich insofern

gerechtfertigt, als auch unaspektierte Planeten eine Verletzung oder empfindliche Stelle anzeigen beziehungsweise Themen wie Minderwertigkeitsgefühle, Ängste oder schmerzhafte Erfahrungen beinhalten können.

Die Modifizierung abgehängter Planeten

Es gibt Phänomene bzw. Eigenschaften, die einen unaspektierten Planeten modifizieren bzw. in der Wirkung verändern können. Dies ist bei der Deutung zu berücksichtigen. Hier eine Aufstellung der zu beachtenden Umstände:

- Das **Element,** in welchem der isolierte Planet steht. Befindet er sich im eigenen Zeichen oder in einem desselben Elementes (z.B. Mars in Widder oder Löwe) oder in einem Element, welches ihm seinen natürlichen Ausdruck eher erschwert (z.B. Mars in Fische)?

- Das **Tierkreiszeichen,** in das ein unaspektierter Planet fällt, wird verstärkt und hat deshalb eine besondere Wirkung.

- Die **Hausposition** kann eine einzigartige Bedeutung erlangen, wenn sich dort kein anderer Planet befindet. Einzigartig zumindest in Hinsicht darauf, wie sich der Betreffende zu den Angelegenheiten dieses Hauses stellt.

- Der Planet selbst wirkt noch stärker, wenn **kein anderer im selben Zeichen** steht.

- **Rückläufigkeit** des nicht eingebundenen Planeten.

- **Eingeschlossenheit** des Zeichens, in dem der abgehängte Planet steht. Hier habe ich festgestellt, dass ein unaspektierter und gleichzeitig eingeschlossener Planet eigentlich nie überkompensatorisch zu Tage tritt, sondern introvertiert gelebt wird.

- **Konjunktion zu einer Hausspitze**, vor allem einer Hauptachse (eher umweltbestimmt, wird von außen angeregt).
- Position **am Talpunkt**[6] des Hauses (eher von innen bestimmt und integriert).
- **Konjunktion mit einem der Mondknoten.**
- Art beziehungsweise Verbindung der **Dispositorenkette.**

Es gibt Menschen, die nicht nur ein, sondern zwei oder gar drei isolierte Planeten im Horoskop haben. Für Astrologen besonders interessant ist das Horoskop der meines Erachtens weltbesten Astrologin Liz Greene, das mit Huber-Orben gleich 3 abgehängte Planeten aufweist: Merkur, Saturn und Neptun.[7]

Stolpersteine für Astrologen

Bei der Arbeit mit einem Klienten, der einen unaspektierten Planeten im Radix aufweist, muss der Astrologe einige Klippen umschiffen. Hier 4 Hinweise zur Reflexion vor einer solchen Sitzung.

Hinweis 1: Reflexion mit dem eigenen Horoskop

Als Astrologe sollte man einen abgehängten Planeten mit der Planetenstellung in meinem Horoskop reflektieren (wie alle anderen Stellungen eigentlich auch), um Projektionen zu vermeiden. Wie steht der Planet in meinem Horoskop (Zeichen, Haus, Aspekte) und was würde ich mir dabei anders wünschen? Sind es genau diese Dinge, die ich im Horoskop meines Klienten als vermeintlich positive Möglichkeiten sehe bzgl. des abgehängten Planeten? Wenn ich zum Beispiel einen Fische-Mars im 12. Haus in Opposition zu Saturn hätte, wäre ich vielleicht versucht, meinem Klienten mit unaspektiertem Mars zu suggerieren, dass er doch einfach mal so drauflos wildern und die Kraft des reinen Mars ausleben soll, weil ich mir doch selbst so wünschen würde, meinen Mars ungehemmt in der Außenwelt auszudrücken und zu erleben.

→ Keine Projektionen (z.B. eigener Wünsche oder Vorstellungen) bzgl. der Wirkungsweise des nicht eingebundenen Planeten. Oder aber als Technik: bewusst die Projektion sichtbar machen.

Hinweis 2: Der unaspektierte Planet kann ein wichtiger Inhalt der Beratung sein

Als Astrologe und Wassermann ziehen mich natürlich außergewöhnliche Konstellationen in einem Klientenhoroskop magisch an. Dabei habe ich auch schon den Fehler gemacht, zu glauben, dass dieser abgehängte Planet schon von Natur aus wichtig im Leben des Klienten sein muss und ich ihm – um meine Arbeit professionell auszuüben – in der Sitzung auch den entsprechenden Raum geben muss. Nun, eventuell ist dieser Planet für dieses Gespräch überhaupt nicht relevant. Jede besondere Betonung seiner Eigenheiten wäre unangebracht.

→ Der unaspektierte Planet *muss nicht* Inhalt der Beratung sein (wird aber in dieser unterschwellig wirken).

Hinweis 3: Der unaspektierte Planet kann berufsweisend sein

Bei einer Berufsberatung muss untersucht werden, ob der unaspektierte Planet berufsbezeichnend wirkt oder nicht – *beides* kann der Fall sein. Ein Rechnungsprüfer mit abgehängtem Merkur - das kann gut gehen oder auch nicht. Ein Offizier mit einem nicht eingebundenen Mars kann ein guter Offizier sein oder auch nicht (z.B. wenn er überkompensiert). Es lohnt sich auf jeden Fall, das Thema anzusehen – man hüte sich jedoch vor einer vorschnellen Beurteilung.

Beachtenswert ist hier auch, wenn der isolierte Planet der Geburtsherrscher ist oder im 9. oder 10. Haus steht. In diesem Falle ist eine kurze Arbeit an der Bewusstmachung der Planetenenergie sicher nicht fehl am Platz; der Horoskopeigner kann sich so besser verstehen lernen.

→ Sich nicht automatisch auf den unaspektierten Planeten als »berufswichtig« stürzen.

Hinweis 4: Das Alter des Klienten kann entscheidend sein

Bei der Deutung eines isolierten Planeten sollte das Alter des Klienten in die Überlegungen miteinbezogen werden. Da sich Menschen über die Jahre hinweg an ihre abgehängten Planeten bzw. deren Themen annähern, ist normalerweise von einem 20-jährigen nicht derselbe Bewusstseinsstand zu erwarten wie von einem 40-jährigen (auch wenn es sicher junge Menschen gibt, die sich selbst so nahe sind, wie es andere nie sein werden). Es ist hilfreich, den Alterspunkt und die vergangenen Transite sowie Progressionen in Bezug auf den unaspektierten Planeten zu berücksichtigen.

→ Das Alter des Klienten ist relevant bezüglich seines möglichen Bewusstseins über die Themen seines nicht eingebundenen Planeten. Es bleibt die Frage: *Wie* hat er ihn integriert?

Die Deutung unaspektierter Planeten

Allgemeine Überlegungen

Eine genaue Interpretation uneingebundener Planeten ist schwierig. Sie neigen dazu, bei ihren Handlungen einen periodischen Mangel an Kontrolle zu zeigen und in ihrem Ausdruck Schwankungen zu haben. Sie machen Perioden sprunghafter Aktivität durch oder scheinen einen Wackelkontakt zu haben. Diese Phänomene sind schwer zu verstehen, auch Transite oder Progressionen bieten zu wenig Erklärung. Vielleicht sind abgehängte Planeten aufgrund uns (noch) unbekannter Prozesse dazu gezwungen, aktiv zu werden. Möglicherweise sind Nebenaspekte aktiv – Aspekte außerhalb der 30° Einteilung, die noch wenig bekannt und erforscht sind. Vielleicht gibt es aber auch keine Erklärung, und ihre Aktivitätsschübe sind schlichtweg willkürlicher Natur.

Dazu kommt, dass das Wichtigste an einem unaspektierten Planeten nicht so sehr die Natur des Planeten an sich ist, sondern vielmehr, in welcher Weise das Fehlen des Einflusses dieses Planeten andere Wesensanteile beeinträchtigt. Andere Planeten sind nicht in der Lage, eine direkte Verbindung mit dem betreffenden Planeten herzustellen und können deshalb nicht von ihm gefärbt werden. Daher sollte eine Deutung dieser Aspekte nicht nur auf dem intensivierten, unabhängigen Temperament des unaspektierten Planeten basieren, sondern auch auf der Wirkung, die dies auf alle übrigen Planeten hat. Das gibt dem Astrologen die Möglichkeit, den gesamten Prozess, der mit dem Phänomen des abgehängten Planeten verbunden ist, zu überblicken. Es ermöglicht eine holistischere Deutung.

Als Leser wären Sie sicher froh, wenn Sie nun ein allgemein gültiges Rezept für die konkrete Deutung aller Planeten bekommen würden. Karen Hamaker-Zondag zum Beispiel bietet hier folgendes Vorgehen an:

»*Um die möglichen Äußerungen unaspektierter Planeten feststellen zu können, kann man wie folgt verfahren: Man nimmt die Bedeutungen des Planeten als solche, betrachtet diese Bedeutungen unter dem Gesichtspunkt ihrer Isolierung und bringt ihre harmonischen und disharmonischen Formen in eine etwas extremere Form.*«[8]

Einen anderen Weg schlägt die Huber-Schule vor: Sie deutet nicht eingebundene Planeten wie andere Aspekte in vierdimensionaler Weise[9]:

- Auf der *ersten Stufe*, der *materiellen*, handelt es sich meistens um eine unbewusste Wesenskraft. Der Mensch weiß gar nicht, dass es diesen Planeten überhaupt gibt, er funktioniert als autonomer Mechanismus und wird weitgehend von der Umwelt gelebt. Im Partnerschaftsvergleich versuchen sich diese Planeten beim Partner anzuhängen, was im Synastriehoroskop sichtbar wird. Im Falle der geistigen Planeten Uranus, Neptun und Pluto entsteht vielfach ein Über-Ich. Es handelt sich dabei um kollektive Normen, denen sich dieser Mensch ohne nachzudenken unterzieht (»man tut, man muss, es ist so, dass …«).

- Auf der *zweiten Stufe*, der *Gefühlsebene*, wird der Planet in Konfliktsituationen als Versager, Unvermögen oder Defizit erlebt. Der Mensch merkt, dass ihm etwas fehlt, und er fängt an, sich dafür zu interessieren und sich damit auseinander zu setzen. Auf diese Weise beginnt oftmals ein schmerzlicher Lernprozess, der ins Bewusstsein tritt.

- Erst auf der *dritten Stufe*, der *mentalen Denkebene*, hat der Mensch durch die Auseinandersetzungen mit dem Planeten ausreichend Erfahrungen gesammelt. Nun kann er konstruktiv, frei und autonom eingesetzt werden, ohne von

Aspekten zu anderen Planeten »gestört« zu werden und ohne diese zu stören. Jetzt kann der Planet geradezu brillant funktionieren.

- Auf der *vierten transformierten Stufe* wird der unaspektierte Planet zur »Brillanz der Persönlichkeit«. Er kann jetzt als absolut positiver Beitrag zum eigenen Leben verstanden und zur Besonderheit der Persönlichkeit werden.

Ich finde dieses Konzept bestechend, um den Entwicklungsweg eines abgehängten Planeten aufzuzeigen. Für das theoretische Verständnis wertvoll, beinhaltet es aber auch Schwierigkeiten und Fallen für die praktische Arbeit:

→ Der Ausdruck »Stufen« impliziert meines Erachtens, dass es sich um eine Hierarchie handelt, deren Ebenen sich wertend unterscheiden. Stufe zwei ist also »besser« als Stufe eins. Zusätzlich wird hier der Entwicklungsprozess *linear* verstanden oder zumindest dargestellt.

→ Um dieses Konzept für einen bestimmten Planeten zu verstehen, muss ich für ihn alle 4 Stufen beschreiben und definieren.

→ Um festzustellen, wie ich den abgehängten Planeten für meinen Klienten deuten soll, muss ich zuerst untersuchen, auf welcher Entwicklungsstufe dieser steht.

Aus meiner Erfahrung als Psychologe, Astrologe und Erwachsenenbildner gehe ich davon aus, dass sich jeder Mensch zu jeder Zeit am richtigen Ort befindet, die »Stufe«, auf der er im Moment steht, also keine wertende »gute« oder »schlechte« ist. Entwicklungsprozesse verhalten sich meiner Meinung nach *zyklisch* und vor allem *zirkulär*. Dies bedeutet – bitte verzeihen Sie mir dieses triviale Bild - dass Lernprozesse ablaufen wie die Bewegung eines Kaugummis, welcher auf der Peripherie – also

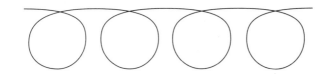

dem Reifen – eines Autorades sitzt: Obwohl sich das Auto kontinuierlich vorwärts bewegt, erlebt der Kaugummi bei jeder Radumdrehung eine Phase, in der er sich vermeintlich rückwärts bewegt (vgl. Handskizze).

So fällt es auch Klienten oft schwer zu akzeptieren, dass sie, selbst wenn sie sich von außen gesehen auf einer Vorwärtsbewegung befinden, mit Phasen vermeintlicher Rückschritte rechnen müssen. Diese Phasen liegen in der Natur eines Lernprozesses und sollten weder Klient noch Berater irritieren. Auf das Konzept der Huber-Schule bezogen bedeutet dies, dass Klienten nach Erlebnissen der 3. Stufe auch immer wieder Erfahrungen der 2. und sogar 1. Stufe machen werden – eine eindeutige Zuweisung eines Klienten auf eine der vier Stufen ist daher unmöglich. Ich möchte sogar noch weiter gehen und behaupten, dass die meisten Klienten Anzeichen aller vier Stufen zeigen können – und zwar *gleichzeitig* bzw. *parallel*. Je nach Situation und Umstände kann sich also ein Klient bezüglich gewisser Themen auf der 4. Stufe wahrnehmen und beschreiben, während er bezüglich anderer Themen noch auf der 2. Stufe »festsitzt«.

Aus diesen Überlegungen heraus habe ich mich nicht für eine Rezeptbeschreibung der einzelnen Planeten entschieden, sondern beschreite einen anderen Weg.

Struktur der Deutungstexte

Ausgehend vom Bild des Orchesters – wie im im ersten Kapitel beschrieben – versetze ich mich in einem *ersten Deutungsteil* in die abgehängten Planten hinein und gebe ihnen eine *Stimme*. Mit dieser Stimme ist jeder isolierte Planet in der Lage, seine Gedanken, Gefühle, Bedürfnisse und Erlebnisse direkt zu schildern. Natürlich verhält sich nicht *jeder* abgehängte Merkur in allen Belangen so, wie er sich hier beschreibt. Trotzdem wird es Ihnen eine Spannbreite von Möglichkeiten und vor allem – einmal mehr – ein Gefühl dafür geben, wie es einem solchen Planeten ergeht.

Ich möchte an dieser Stelle ausdrücklich darauf hinweisen, dass ich für diesen Teil großzügige Anleihen gemacht habe bei den Autoren des Literaturverzeichnisses – ihnen sei hier nochmals für ihren Beitrag gedankt. (Ich habe Ihnen auch bereits erklärt, was mit einem Kaugummi auf einem Rad passiert, ohne dafür zuerst das Rad neu zu erfinden). Trotzdem entsprechen alle Texte meiner eigenen Darstellung und sind durch mich subjektiv gefärbt im Sinne *meines* Verständnisses der Planeten.

Im *zweiten Deutungsteil* gebe ich für jeden Planeten *ein konkretes Beispiel*, d.h. eine Deutung des abgehängten Planeten in Zeichen und Haus. Die Beschreibung halte ich dabei wiederum in einer Ich-Form fest, um dem Planeten eine eigene Stimme zu geben. Die Beispiele stammen aus meinem Klienten- und Bekanntenkreis oder der Literatur.

Für jeden Planeten werden Sie im *dritten Deutungsteil* noch eine *Liste von bekannten Personen* und Ereignissen finden, die den entsprechenden Planeten unaspektiert in ihrem Horoskop aufweisen. Diese Liste ist aus unterschiedlichsten Quellen zusammengetragen. Wo ich explizit »Huber-Orben« erwähne, bin ich mir sicher, dass die Horoskope mit den Huber-Orben zu unaspektierten Planeten führen.

Unaspektierte persönliche Planeten

Persönliche Planeten symbolisieren grundlegende Bedürfnisse des Menschen und werden entsprechend direkt und persönlich zum Ausdruck gebracht. Sind unaspektierte *eigengeschlechtliche* Planeten nicht in die Persönlichkeit integriert, werden sie eher verdrängt oder abgespalten, können jedoch nicht gänzlich ignoriert oder delegiert werden. Der Horoskopeigner kann so vielleicht jeweils nur seinen abgehängten Planeten *oder* den Rest des Horoskops leben, hat aber nicht die Kapazität oder die Möglichkeit, beide Komponenten parallel zu aktivieren.

Bei einem unaspektierten *gegengeschlechtlichen* Planeten kann eine vollständige Delegation stattfinden - der Mensch erlebt dann bezüglich dieser Qualität schon früh in seinem Leben ein Gefühl von Mangel, wie wenn seiner Persönlichkeit etwas fehlen würde. Dieses Erleben geht einher mit der eigenen Unfähigkeit, die entsprechenden Bedürfnisse zum Ausdruck zu bringen. Oft folgt eine unbewusste Suche nach einem Menschen, dem dann in einer Projektion diese Qualitäten zugeschrieben werden. Der gewählte Partner wird dann die Themen und Verhaltensweisen des isolierten Planeten stark zum Ausdruck bringen. So kann zwar in einem ersten Schritt über den Partner ein Zugang zu der entsprechenden Qualität gefunden werden. Wenn der Mensch jedoch im Laufe seines Lebens keinen eigenen Zugang findet und die Qualität völlig dem Partner zuschreibt oder an ihn delegiert, kann bei einer solchen Art der Symbiose der Verlust des Partners als Verlust eines eigenen Persönlichkeitsanteiles erlebt werden.

Die unaspektierte Sonne
Unabhängigkeit und Autonomie

»Ich bin ausgesprochen unabhängig und frei von äußerer Beeinflussung, was mich zu einer Art ‚Insel' macht. Manchmal verhalte ich mich wie von der Außenwelt abgeschlossen. Mein autonomes, selbständiges Wesen kommt verstärkt zum Ausdruck und ich kann einen unabhängigen Geist hervorbringen, der nicht immer so ausgewogen ist. Wenn bei meinen angehängten Sonnen-Brüdern schwierige Aspekte bestehen, müssen sie einige Probleme überwinden, bevor sie das Gefühl gewinnen, ein sinnvolles und erfülltes Leben zu führen. Diese Probleme fallen bei mir weg, auch wenn ich dafür nicht immer genau weiß, wo mich mein Leben hinführen soll.

Mein Lebenslauf ist sehr abwechslungsreich, ich will immer ungebunden und selbständig sein. Auch in eine Beziehung lasse ich mich nicht so einfach einbinden. Direkte Aspekte meines Partners zu mir könnten mir helfen. Überhaupt unterstützen mich Begegnungen und Beziehungen zu Personen, deren Planeten direkte Aspekte zu mir aufweisen, ganz besonders, weil sich meine Lebenskraft in diesen Aspekten ausdrücken kann.

Mein inneres Wesen verbindet sich nicht besonders gut mit den Energien anderer Planeten. Daher wird meine Individualität nur selten voll zum Ausdruck gebracht, obwohl sie in einzelnen Lebensbereichen meines Hauses durchaus konzentriert sichtbar sein kann.

Bei meinen Sonnen-Brüdern mit Aspekten nehmen die Planeten, die mit ihnen verbunden sind, ihre eigenen, zielbewussten Kräfte stärker wahr. Diese Planeten sind mehr in die Lebens- und Persönlichkeitsstruktur des Menschen eingebunden, werden bewusster und kreativer zum Ausdruck gebracht und erhalten mehr Zielstrebigkeit durch den positiven Einsatz des Willens, als dies bei mir der Fall ist. Bei mir kommen die anderen Planeten zwar trotzdem zur Wirkung, aber ohne ein dominantes, zentrales Lebensthema, um das sie kreisen. Sie unterstützen weder meine Hauptziele noch behindern sie diese.

Anerkennung

»Manchmal verspüre ich den Drang, Anerkennung und Ansehen in der Außenwelt durch das schillernde, selbstsichere »zur Schau stellen« meiner Fähigkeiten zu erlangen. Das kann in manchen Situationen auch etwas unangebracht oder unpassend wirken. Ich bemühe mich darum, die Aufmerksamkeit auf mich zu lenken und offene Bewunderung oder Lob für meine Leistungen zu erhalten, um das Gefühl zu haben, dass mein Ego erfolgreich ist. Was für ein gutes Gefühl, mir eine Position im Rampenlicht zu sichern oder immer im Mittelpunkt zu stehen! Daher versuche ich bewusst, meine Energien in einer Weise einzusetzen, die einen direkten Einfluss auf meine Umgebung gewährleistet. Das Thema dabei ist, von außen Anerkennung zu bekommen. Nach langfristigem Ruhm strebe ich weniger. Dennoch verspüre ich den Drang, mich auf die Bedeutung meiner eigenen Persönlichkeit zu konzentrieren, und ich sorge dafür, dass ich zumindest in gutem Ansehen stehe. Die Selbstachtung und der Stolz auf mich selbst sind mir wichtig. Für mich persönlich ist es von größter Bedeutung, dass dies auch von meiner Umwelt bestätigt wird.

Einer meiner unaspektierten Sonnen-Kollegen sieht das zum Teil anders; ihm ist es egal, ob er durch seine Umwelt bestätigt wird oder nicht. Da seine Kraft und Integrität aus einer subjektiven Quelle stammen, ist sie weniger abhängig von äußeren Beziehungen, die sein Ego stärken. Sie kann tief in seinem eigenen Wesenskern verwurzelt sein, ungeachtet dessen, wie instabil oder chaotisch seine äußere Umgebung ist. Eine so intensive Zentriertheit in sich selbst erweckt den Anschein, dass er teilnahmslos und distanziert ist, beinahe so, als ob er vollständig von seiner eigenen, selbstgemachten Welt in Anspruch genommen wäre.«

Einheit, Identität, Selbstbehauptung, Ziele

»Aber zurück zu mir: Mein schöpferischer Drang ist groß, ebenso meine Dynamik und Lebenskraft, doch unterliegt dies leider erheblichen Schwankungen und macht mir Schwierigkeiten, mich im Leben zu behaupten. In einem Augenblick kann von mir viel Wärme ausgehen, im nächsten ziehe ich mich vielleicht unsicher zurück. Häufig wirke ich sehr zielbewusst und selbständig nach außen, obwohl ich mich überhaupt nicht so fühle. Gerade wegen meiner Unsicherheit habe ich dann und wann den Drang, alles besonders zu betonen, was zur Folge haben kann, dass bei mir Eigenschaften hervortreten wie starker Ehrgeiz, Ehrgefühl, Machtstreben und manchmal sogar Egoismus.

Manchmal habe ich Schwierigkeiten damit, mich als Einheit zu erfahren. In diesen Momenten empfinde ich mich als von mir selbst getrennt. Das kann zu Identitätsproblemen führen. Ich versuche dann zu kompensieren, meine Sonnenkraft besonders zu betonen, um mich dadurch selbst zu finden. In den Augen meiner Umgebung verleiht mir das manchmal eine zu starke Ich-Zentrierung.

Ich habe in meinem Leben damit zu kämpfen, mir meiner Energie und meines Willens bewusst zu bleiben und diese meinen Zielen gemäß einzusetzen. Ich habe Mühe, meinen eigenen Weg zu finden, zu entdecken, wer ich bin und was ich will. Mir ist oft nicht bewusst, dass ich ständig auf meinen eigenen Weg poche. Dabei gibt es auch Phasen, in denen mein Ego nicht stark ausgeprägt ist. So bin ich manchmal sehr selbstlos, denke nur an andere und weiß bald nicht mehr, was eigentlich gut für mich ist. Bei einem meiner abgehängten Sonnen-Brüdern ist es sogar so, dass er sich überhaupt nicht zum Ausdruck bringen kann und er deswegen im Selbstbild und in der Selbstdarstellung der Gesamtpersönlichkeit fehlt!«

Vaterbild

»Mir fehlt ein Vaterbild oder zumindest konnte ich es nicht vom eigenen Vater übernehmen. Ich brauche in meinem Leben Zeit, um ein eigenes zu entwickeln.
Eine abgehängte Sonnen-Kollegin lehnt das bestehende Vaterbild einfach ab. Sie hat oft Probleme mit ihrem Vater und mit ihren Partnern. Sie hatte höchst unterschiedliche Partner und verliebte sich abwechselnd in sehr dominante und sehr willensschwache Männer. Oft delegiert sie ihre Sonne an den Mann.
Ich habe Probleme mit Führungspersonen, da ich damit beschäftigt bin, Führung und Durchsetzung bei mir selbst zu entwickeln.«

Aktivität

»Ein unaspektiertes Sonnen-Geschwister verspürt weniger den Drang, aus sich herauszugehen. Ich selbst zeichne mich durch einen außergewöhnlichen und aktiven Charakter aus. Ich verfüge über viel Selbstbewusstsein, was sich in meinem kindlichen Alter in großer Selbstbezogenheit, Unbekümmertheit und einem betonten Eigenwillen äußerte. Ich wusste bzw. hatte Methoden, wie ich in meinem häuslichen Umfeld Aufmerksamkeit auf mich zog – auf positive und negative Weise. Als ich älter wurde, lernte ich, diese Eigenschaft unter Kontrolle zu bringen und mehrheitlich positiv einzusetzen. Es hätte sich aber auch ergeben können, dass aus dem aufsässigen Kind ein aufsässiger Erwachsener geworden wäre.
Mir sind eine große Vitalität, eine gute Gesundheit und viel Kraft gegeben. Ich bin populär oder zumindest in meiner Umgebung sehr beliebt. Das ist kein Wunder, schließlich strahlt mein Feuer stark – wenn es strahlt – und ich bin dann voller Liebe und Loyalität.«

Beispiel für eine unaspektierte Sonne im Schützen im 10. Haus

»Wie gesagt, meine Unaspektiertheit bedeutet ja nicht, dass meine Kraft nicht stark vorhanden wäre. Meine Sonne im Schützen ist lebensstark, gibt mir ein lebhaftes Temperament und eine individuelle Lebensauffassung. Meine Lebenskraft will sich im Beruf bewähren. Ich frage mich nur, in welcher Richtung. Die Folge ist, dass ich beruflich jobbe, mal da, mal dort wirke, mal viel, mal wenig Geld verdiene. Einen lohnenden Posten – jedoch mit fester Arbeitszeit, also angebunden – lehne ich ab, weil ich autonom sein möchte. Am liebsten möchte ich selbständig arbeiten und mein eigener Herr und Meister sein!

Manchmal kann ich mein Ego ganz in den Hintergrund stellen und nur noch für andere Menschen da sein. Ich erlebe mich dann als selbstloser Mensch, der sich in den Dienst einer höheren Sache stellt. Ich bin fähig, infolge meiner eigenen Schwierigkeiten bei der Entwicklung meiner Persönlichkeit anderen Menschen bei diesem Problem beizustehen und sie zu fördern, damit sie die Fähigkeiten und Eigenschaften ihrer Sonne entfalten können. Ich agiere dann wie Chiron, der zum Spezialisten seiner Verletzung wurde.

Ich habe ein etwas zielloses, wechselhaftes Leben. Meine Lebenskraft schwimmt manchmal ins offene Meer, ein Landungssteg ist nicht immer zu sehen. Dann laufe ich Gefahr, Raubbau mit meiner Gesundheit zu treiben und mich nicht in den Griff zu bekommen.

Ein Leben nur nach meiner eigenen Façon ist verführerisch. Rückschläge beeindrucken mich wenig und bringen mich nicht von meinem Weg ab. Mein Instinkt wird mir schon helfen! Das Leben hält immer wieder neue Chancen bereit, ich werde immer oben schwimmen!«

*Bekannte Personen und Ereignisse
mit einer nicht aspektierten Sonne*

Mein Lieblingsbeispiel hierfür ist der französische König Ludwig XIV mit einer unaspektierten Sonne in der Jungfrau im 10. Haus.

- Ayatollah Khomeini (ehemaliger geistlicher und politischer Führer im Iran)
- Englische Königin Elisabeth II., Stier (nicht mit Huber-Orben)
- John F. Kennedy (amerikanischer Präsident), 8. Haus, Zwillinge
- Walter M. Diggelmann (Schriftsteller), abgehängte Sonne-Pluto-Konjunktion, 10. Haus, Krebs (Huber-Orben)
- Cliff Richard (Musiker)
- John Lennon (Musiker), 7. Haus, Waage
- Vincent van Gogh (Maler), 10. Haus, Widder
- Friedrich Hundertwasser (Maler), abgehängte Sonne-Merkur-Saturn-Konjunktion, 6. Haus, Schütze
- Giuseppe Fürst Tomasi di Lampedusa (Schriftsteller), 12. Haus, Steinbock
- Ereignis: Rütlischwur, abgehängte Sonne-Uranus-Mondknoten-Konjunktion, 12. Haus, Löwe
- Ereignis: Gründung Hollywood, 9. Haus, Skorpion
- Ereignis: Rücktritt Oskar Lafontaine, 7. Haus, Fische

Der unaspektierte Mond

Gefühle, Emotionalität, Beeinflussbarkeit, Verletzbarkeit

»Meine Anpassungsfähigkeit und Empfindsamkeit sind höchst unregelmäßig, so dass ich äußerst emotionell, überempfindlich und beeinflussbar sein kann, und mich in solchen Phasen völlig abschließe. Ich habe ein ambivalentes Verhältnis zu Emotionen. Meine Emotionen scheinen zu kommen und zu gehen, ohne der intellektuellen Kontrolle zu unterliegen. Manchmal bin ich sehr emotional, dann wieder völlig emotionslos. Ich habe oft das Gefühl, etwas zwar rational einzusehen, es jedoch emotional nicht akzeptieren zu können.

In meinem Hausbereich ist es leicht für mich, Kontakte zu knüpfen und akzeptiert zu werden. Dort erlebe ich auch eine ausgesprochene Gefühlsintensität und ein gefühlsmäßiges Engagement. Es fällt mir jedoch immer schwer, meine emotionalen Bedürfnisse zu spüren. So kommen meine seelischen Belange meist zu kurz.

Ich bin kaum dazu in der Lage, meine Gefühle zu zeigen. Meine Emotionen werden nur unauffällig geweckt und ich bringe sie selten offen zum Ausdruck. Ich neige dazu, meine Gefühle und Eindrücke in mir zu verschließen, anstatt zuzulassen, dass sie in einen freien Austausch mit anderen Wesensanteilen gelangen. Es ist für mich auch schwer zu erkennen, wodurch meine Gefühle ausgelöst werden. Da mir Aspekte fehlen, die mir helfen würden, meine Bedürfnisse klar zu erkennen und auszudrücken, bleiben sie im Verborgenen oder nicht konkret definiert. Wenn ich meine Gefühle zeige, dann sind sie authentisch und unverfälscht, was andere immer wieder sehr berührt.

Oft wird von mir erwartet, dass ich meine eigenen Gefühle zurückstelle, ein freundliches Gesicht mache und dem zustimme, was um mich herum geschieht.«

Rückzug, Instabilität, Getrenntheit

»Meine Gesamtpersönlichkeit bekommt durch mich wenig Halt und wenig Stabilität. Klare Linien sind in meinem Leben schwer auszumachen. Durch meine »Alles-oder-nichts-Haltung« der Unaspektiertheit bin ich sehr unbeständig, z.B. in meinen Gefühlen.

Ich ziehe mich gerne zurück, um mich sicher zu fühlen. Manchmal isoliere ich mich sogar, indem ich eine ‚Inselsituation' schaffe, in der ich für niemanden erreichbar bin.

Ich erlebe die psychologischen Wirkungen meiner Unaspektiertheit traumatisch. Ich fühle mich ausgesprochen instabil oder ungewöhnlich verletzbar, da mir Aspekte zu anderen Teilpersönlichkeiten fehlen, die dazu beitragen würden, mich in meiner Umwelt geborgen, sicher und unterstützt zu fühlen.

Als Repräsentant des empfänglichen und fürsorglichen Prinzips müsste ich Beziehungen zu anderen Teilpersönlichkeiten haben, um richtig zu funktionieren. Ohne Aspekte fällt es mir schwer, in meiner direkten Umgebung Anpassungen vorzunehmen, damit ich in meiner Mitte bleibe, um besser mit den Spannungen in meiner Umgebung fertig zu werden. Auch werden andere Planeten wenig genährt durch meine natürlichen, beschützenden Instinkte. Andere Wesensanteile erfahren deshalb wenig Fürsorglichkeit, Verständnis und Selbstliebe bei ihrer Entwicklung. Meine Unaspektiertheit lässt viele meiner Begabungen nur schwer konkret werden.

Ich verspüre ein unnatürliches Gefühl der Getrenntheit von meiner direkten Umgebung, besonders auf der emotionellen Ebene. Es fällt mir schwer, mich über längere Zeit an eine Umgebung zu gewöhnen und deshalb erscheine ich ruhelos und unbeständig und fühle mich nicht wohl mit meinem gegenwärtigen Lebensumständen. Ich kann sprunghafte Phasen durchleben, in denen sich meine Ruhelosigkeit noch mehr verstärkt und ich heftigen Stimmungsschwankungen unterworfen bin, was einen ständigen Wechsel von emotionellen Hochs und Tiefs zur Folge hat.

Ich schaffe jedoch auch neue Möglichkeiten in meinem Leben, indem ich von anderen aufnehme. Auch kann ich Stimmungen schaffen, in denen etwas ermöglicht wird.«

Kind, Mutter, Weiblichkeit

»Als Kind hatte ich oft unter gesundheitlichen Problemen und unter körperlichen Schwächen zu leiden. Besonders betroffen waren meine Brust und mein Magen. Krankheiten psychosomatischer Art kommen bei mir heute noch recht oft vor. Ich kann auch hypochondrisch sein. Wenn ich krank bin, bin ich sehr davon eingenommen und alles dreht sich nur noch darum, wie es sich anfühlt, ob es schon besser ist etc.

Die Beziehung zu meiner Mutter ist eigenartig. Ich erlebte meine Mutter als unzugänglich und konnte mir kein richtiges Bild von ihr machen. Ich hatte Probleme damit, mich in der Kindheit bei der Mutter geborgen zu fühlen.

Eine abgehängte Mond-Kollegin von mir hat jedoch eine extreme Zuneigung zur Mutter und fühlt sich eng verbunden mit ihr, was auf Gegenseitigkeit beruht. Dieses Gefühl der Verbundenheit hat sich bei ihr auch auf den Ehemann übertragen.

Ich äußere mich in ausgeprägten fürsorglichen, pflegenden, mütterlichen und schützenden Eigenschaften. Auch meine Phantasie ist gut entwickelt.

Wenn ich in einem Frauenhoroskop stehe, hat die betroffene Frau oft Schwierigkeiten, ihre Weiblichkeit zu erfahren sowie Probleme mit der Mutterschaft. Meine Mutter ist intuitiv veranlagt, mit übersinnlichen Talenten begabt oder spirituell ausgerichtet. Sie ist beruflich auf dem Gebiet des Heilens und der Psychologie tätig.

In einem Männerhoroskop wirke ich dahingehend, dass der betroffene Mann nicht recht weiß, was er von einer Lebenspartnerin erwarten und wie er sich ihr gegenüber verhalten soll.«

Sensibilität

»Ich bin sehr weich und verleihe der Gesamtpersönlichkeit feminine Züge, ein sanftes Auftreten sowie eine gesteigerte Sensibilität. Auch erwecke ich den Eindruck körperlicher Schwäche. Ich habe es nicht immer leicht im Leben; meine empfindsame und nachgiebige Seele findet sich nur schwer zurecht in einer harten, materiellen Welt. Dennoch weine ich höchst selten.

Falls mir in Horoskopen die praktischen Fähigkeiten des stark besetzten Erdelementes mit auf den Weg gegeben werden, so hilft mir das, in einer technologischen und materiellen Welt zu überleben, mich selbst zu stabilisieren und meine Überempfindlichkeit in den Griff zu bekommen.

Ich erwecke den Eindruck, sehr sensibel zu sein, und man denkt von mir des Öfteren, dass ich in einem Wasserzeichen geboren bin. Meine Augen haben etwas Funkelndes, Versonnenes oder auch Ängstliches und lassen bis in meine Seele blicken. Entgegen meinem scheinbar selbstbewussten und positiven Verhalten kann man bei genauerem Hinsehen erkennen, dass ich etwas Trauriges habe.«

Seele, Psychologie

»Ich bin eigentlich immer auf der Suche nach meiner Seele und setze mich mit ihr auseinander. Diese findet wenig Echo in meiner Umwelt. Ich habe eine große Beziehung zum Unbewussten und habe mich bereits als Kind mit psychologischen Dingen beschäftigt.«

Beziehungen

»Ich habe ein starkes Bedürfnis, geliebt zu werden und möchte das Gefühl haben, für jemand anderen von Bedeutung zu sein. Meine Beziehungen sind nicht einfach. Ich habe ein fast zwanghaftes Bedürfnis nach Gefühlen, Aufmerksamkeit und Schutz. Oder aber den Wunsch, andere zu bemuttern. Meine frei fließende positive Energie fordert mich auf, im Leben immer wieder aufs Neue zu geben – und nicht zu nehmen. Manchmal fühle ich mich dabei, als würde ich gegen eine Wand laufen. Es ist nicht leicht, in einer materiell orientierten Umgebung immer derjenige zu sein, der nur gibt. Meine Energie fließt nicht in die Gesamtpersönlichkeit, sondern verliert sich im Haus.

Meine Beziehungen sind symbiotisch, vor allem, was mich betrifft. So bin ich abhängig davon, dass mein Partner für die Gefühle zuständig ist, die zum Ausdruck zu bringen mir so schwer fällt. Bei kurzen Abwesenheiten oder Krankheiten meines Partners wirke ich hilflos, auch unternehme ich nie etwas allein. So viele positive Aspekte eine solche Beziehungsform hat, wirkt sie doch für uns beide einengend und letztlich entwicklungshemmend, da mein Partner völlig auf die Mondrolle fixiert wird und seine/ihre anderen Komponenten brach liegen. Es wäre auch schwierig für mich, wenn meinem Partner etwas zustoßen oder sie/er mich verlassen würde. Andererseits bestünde meine Chance darin, in der Auseinandersetzung mit meinem Partner langsam auch den Spiegel meiner eigenen Bedürfnisse wahrzunehmen, diese anzumelden und so meine Projektion zurückzunehmen.

Ich wünsche mir sehr, dass in einer Partnerschaftsbeziehung die Planeten meines Partners enge Aspekte zu meinen Himmelskörpern haben. Dennoch erlebe ich einen starken unbewussten Drang nach gefühlsmäßiger Freiheit und Ungebundenheit.«

Beispiel für einen unaspektierten Mond in der Jungfrau im 1. Haus

»*Ich bin extrem empfindsam, einfühlsam und habe ein hohes Gespür für die Erwartungen der Umgebung. Ich weiß, dass ich aufpassen muss, nicht zu stark fremdbestimmt zu werden. Ich bin sehr intuitiv, sensibel und emotional sehr beeindruckbar. Ich habe eine feminine Ausstrahlung. Mein Auftreten begleitet eine*

Wärme, allerdings auch ein ständiges Bedürfnis nach Veränderung oder nach Sensationen.

Andere erleben mich unausgeglichen, launisch, unselbständig und mit wenig Eigeninitiative. Dabei habe ich doch ein starkes Bedürfnis, eng mit der Umgebung verbunden zu sein und mit ihr im Gefühlsaustausch zu stehen. Gefühlsströmungen in meiner Umgebung erkenne ich schnell. Schon als Kind merkte ich sofort, was andere an mir schätzen und schöpfte daraus die Vorstellung meines Selbstwerts. Ich konnte meinen Lehrern stets die Antwort geben, von der ich wusste, dass sie sie haben wollten. Ich vermag gut »im Strom zu schwimmen« und bei Trends mitzumachen.

Ich bin gewissenhaft, vernünftig, vorsichtig, kritisch beobachtend, eher zurückhaltend. Ich möchte gern alles richtig machen und mich nützlich und hilfreich zeigen. Ich suche Anerkennung indem ich helfe und gestellte Aufgaben ordentlich erfülle. Spontaneität ist, was ich lernen möchte, damit ich offen und unverfälscht auf die Umwelt zugehen kann. Ich habe Angst vor Chaos und chaotischen Gefühlen. Deshalb ordne ich alles und analysiere gerne, um alles besser unter Kontrolle zu haben.

Ich lebe gesund, genügsam und bescheiden und neige zu Kritik und Selbstkritik. Ich reagiere zunächst auf die Nöte, Wünsche und Bedürfnisse der anderen. Ich habe ein großes Sicherheitsbedürfnis und versuche manchmal, überperfekt zu sein.

Emotional reagiere ich ruhig, abwartend und eher passiv, wobei ich eine Situation von allen Seiten betrachte, bevor ich zum Handeln übergehe. Meine Reaktionen mögen vielleicht etwas spät kommen – auf jeden Fall aber sind sie wohl erwogen. Wenn ich spontan reagiere, spielen kleine, konkrete Einzelheiten eine wichtige Rolle, ohne dass ich mir dessen bewusst wäre.

Meine gefühlsmäßigen Reaktionen wirken oftmals kühl – in meinem Inneren ist jedoch wenig Kühlheit zu erkennen. Geschehnisse untersuche ich auf das Intensivste von allen Seiten, und in dem Augenblick, in dem ich innerlich zu einem Entschluss gekommen bin, gebe ich jede Zurückhaltung auf und trete mit dem Ergebnis meiner Überlegungen an die Öffentlichkeit.

Manchmal ist es dann allerdings schon zu spät, und dann habe ich aufs Neue die verschiedensten Dinge zu überdenken... Dieser analytische Prozess ist die Ursache dafür, dass ich im Ruf stehe, den Verstand und die Vernunft dem Gefühl vorzuziehen.

Das Bedürfnis, für andere wichtig zu sein, hat auch eine Kehrseite, nämlich eine große Anfälligkeit für Kritik – auch wenn dies nicht in starkem Maße zutage tritt. Ich bin sehr schnell beleidigt, nehme mir alles sofort zu Herzen, und jede kritische Äußerung stellt die Abweisung meines Bedürfnisses nach Dienstbarkeit dar. Zwei Arten der Reaktion sind möglich: Ich versuche entweder durch ein vermeintlich perfektes und alles bedenkende Verhalten der Kritik zuvorzukommen, oder ich ziehe mich zurück, ohne aber zu vergessen, was gesagt wurde. Dabei betrachte ich die Dinge dann wieder von allen Seiten, was meine Art der Verarbeitung darstellt.

Nach außen hin so ruhig scheinend, bin ich innerlich doch sehr engagiert. Ich bin von Natur aus unruhig und suchend, im Inneren und im Äußeren. Dies geschieht in einer erdhaften Ausrichtung auf die konkrete Wirklichkeit. Ich analysiere gerne, was mich seelisch bewegt. Ich fühlte Zeit meines Lebens eine innere Getriebenheit zur Erforschung der Naturgesetze. Auch drang ich schon früh in die Tiefe meiner eigenen Ich-Natur ein, las Bücher über Psychologie, beobachtete meinen Körper und seine Funktionen, betrieb eine Wissenschaft vom eigenen Ich.«

Bekannte Personen und Ereignisse mit einem nicht aspektierten Mond

Hier ist mein Lieblingsbeispiel die »Iron Lady« Margret Thatcher (ehemalige Premierministerin von England) mit einem unaspektierten Mond im Löwen im 10. Haus.

- Giorgio Strehler (Schauspieler und Regisseur), 5. Haus, Steinbock
- Sissy Spacek (Schauspielerin), 6. Haus, Fische

- Pierce Brosnan (Schauspieler), Krebs
- Sharon Tate (Schauspielerin), 3. Haus, Jungfrau
- Steffi Graf (Sportlerin, Tennis), 12. Haus, Zwillinge
- Erwin Rommel (Hitlers Generalfeldmarschall), 3. Haus, Stier
- Queen Mother (Frau von König Georg VI von England), 2. Haus, Skorpion
- Louis Pasteur (Wissenschaftler), 8. Haus, Zwillinge
- Ereignis: Rütlischwur, 4. Haus, Steinbock

Der unaspektierte Merkur

Ein unaspektierter Merkur mutet recht überraschend an, weil Sonne und Merkur niemals weiter als 28° auseinander und damit oft in Konjunktion oder im Halbsextil zueinander stehen. Bei der Horoskopinterpretation ist jedoch darauf zu achten, ob Merkur der Sonne voraus- oder hinterhereilt[10], beide im gleichen oder in verschiedenen Zeichen und Häusern stehen, da dies den Merkurausdruck wesentlich verändert.

Analysieren, Ordnen, Gliedern, Durchdenken und Austauschen

»Manchmal bin ich völlig rational und intellektuell, dann wieder sehr töricht und unvernünftig. Die Art zu analysieren, ordnen, gliedern, durchzudenken und auszutauschen ist bei mir besonders auffällig oder ganz unsichtbar. Ich habe einen umtriebigen Verstand und verspüre den Drang, endlos zu analysieren, Details und Probleme wiederzukäuen und alles übertrieben zu organisieren. Aspektiert würde ich dazu führen, dass ich mich und meine Impulse hinterfrage. Unaspektiert verspüre ich weniger den Drang, meine geistige Kraft auf die Beobachtung und Analyse von mir selbst oder anderen Teilpersönlichkeiten zu lenken. Es ist daher unwahrscheinlich, dass ich meine Fähigkeiten dank eines logischen, objektiven Urteilsvermögens entwickle und entfalte.«

Argumentation, Logik und Analyse

»Oft argumentiere ich ausgiebig. Logik und Analyse spielen dann eine große Rolle. Plötzlich kann ich aber auch alle Logik über Bord werfen und ganz impulsiv eine unerwartete Meinung äußern. Ich bin und bleibe unberechenbar. Ich kann einige Tricks einsetzen, manchmal unschuldige und kindische, manchmal raffinierte und heimtückische. Meine unfassbare Funktionsweise macht es für andere zumeist unmöglich, meine Handlungsweisen zu verstehen.

Ich habe oft Schwierigkeiten zu kombinieren oder Entscheidungen zu treffen. Meine Gesamtpersönlichkeit neigt auch weniger dazu, alle Seiten eines Themas abzuwägen, da sie von mir wenig Impulse bekommt, um mit allen verschiedenen Facetten vertraut zu werden. Ich bin nicht stur oder starr, kann aber manchmal die Möglichkeiten und Alternativen, die sich gedanklich anbieten, nicht erkennen. Oft fühle ich mich auf geistiger Ebene isoliert oder gespalten, da ich mich in geschlossenen, zwar logischen aber unflexiblen und realitätslosen Gedankensystemen verlieren kann. Mich in mündlicher oder schriftlicher Form verständlich zu machen, bereitet mir ebenfalls Schwierigkeiten.«

Reden, Kommunikationsverhalten

»Ich habe eine ›Alles-oder-nichts-Haltung‹. Ich kann sehr spitzfindig und übersprudelnd sein. Wenn ich dann einmal am Reden bin, finde ich so schnell kein Ende mehr. Ich kann mich aber auch völlig verschließen, wenn ich gezwungen werde, etwas zu sagen, oder wenn die Umstände von mir Gesprächigkeit verlangen. Dann weiß ich plötzlich nicht mehr, wie ich mich verhalten soll.

Etwas sehr Auffälliges an mir ist also das Reden. Ich kann kaum den Mund halten und plappere bei jeder passenden und unpassenden Gelegenheit sozusagen ins Blaue hinein. Ich weiß zwar, dass es Momente gibt, in denen man besser schweigt, aber ich durchschaue mein eigenes Kommunikationsverhalten so wenig, dass ich das bewusste Schweigen erst erlernen muss. Bis ich diese Erfahrungen gemacht habe, bin ich sehr redselig und geschwätzig, wenn Gelegenheit dazu besteht. Gleichzeitig werden meine Fähigkeiten wie Sprechen, Reden und Kommunikation nicht wirklich in die Gesamtpersönlichkeit integriert. Ich fühle mich deshalb oft minderbemittelt und übergangen. Ich kompensiere dann, indem ich mir andere Menschen suche, welche in diesen Dingen gut sind. Durch dieses projektive Verhalten habe ich eine gewisse Anziehung für Intellektuelle. Ich suche immer wieder nach dem Anker, an dem ich festmachen kann. Oft finde ich diesen nicht in mir selbst, sondern in jemand anderem. Dies kann mich manchmal auch an sehr stabile oder erdhafte Personen binden.

Es gibt immer wieder Situationen, in denen mir einfach die Sprache wegbleibt. Wenn man mich in Frage stellt, an mir zweifelt oder mich zu direkt anspricht, kann mir die Stimme versagen oder es kann mir die Sprache verschlagen. Wenn ich dann das Gefühl habe, trotzdem reden zu müssen, verhaspeln ich mich und merke nicht, welchen Unsinn ich von mir gebe. Je mehr ich ausgelacht werde, umso mehr rede ich. ‚Reden ohne Sinn' könnte man das nennen.

Wenn ich Angst habe, beispielsweise in Diskussionen, fange ich an zu hüsteln und werde heiser. Heiserkeit kann auch mein ständiger Lebensbegleiter sein und eine selbst auferlegte Sprechhemmung könnte sich während meines Lebens erst ganz langsam lösen.

Mein Kommunikationsbedürfnis ist nicht reduziert. Doch scheint es nur sporadisch wirksam zu sein, dann aber oft in sehr brillanter Weise. In solchen Situationen kann ich dann hyperaktiv erscheinen – geistig und verbal. Dafür habe ich Schwierigkeiten, persönliche Dinge oder Vorgänge in meinem Inneren zu formulieren und zum Ausdruck zu bringen. Dann habe ich einen so schwammigen Ausdruck, fülle meine Sätze mit ‚eigentlich', ‚ähem', ‚ja, also', ‚irgendwie' oder mache sie nur halbfertig, bevor ich weiterspreche. Andere erleben mich dann als unklar oder wechselhaft, verstehen nicht, was ich eigentlich sagen will und haben nicht die Geduld, mir noch länger zuzuhören.

Da mir in unserer rationalen und intellektbetonten Gesellschaft eine große Bedeutung zugemessen wird, fühlte ich mich schon früh genötigt, mich mit meinen Aufgaben auseinander zu setzen. Meine in der Kindheit sichtbaren Probleme, die sich aus der schwachen oder nicht vorhandenen Verbindung meines Denkens mit der übrigen Persönlichkeitsstruktur ergaben, haben mich dazu angeregt, mich besonders intensiv mit Wissens- und Kommunikationsfragen zu beschäftigen. Somit müssen Sie sich auch nicht wundern, wenn dadurch meine Themen einen besonderen Stellenwert im Leben der Gesamtpersönlichkeit einnehmen. Einem meiner unaspektierten Merkur-Kollegen ist diese Integration nicht so gut gelungen, er zeichnet sich durch ein Maß an Realitätsferne, mangelnder Alltagsbewältigung und sozialen Schwierigkeiten aus, da ihm der Verstand als Werkzeug und Regler für den Persönlichkeitsausdruck nicht zugänglich ist.«

Neugierde

»Ich habe einen großen Wissensdurst und einen ruhelosen Geist. Besonders ausgeprägt ist meine Neugierde auf die verschiedensten Dinge und alles Unbekannte. Ich verspüre den Drang, wissen zu wollen, wie alles im Leben funktioniert. Aber so rasch mein Interesse sich entzündet, so schnell kann es auch wieder erlöschen. Deshalb bin ich stets sehr unruhig und kann manchmal sogar gereizt und nervös sein. In andern Fällen aber besitze ich viel Charme und erfreue mich allgemeiner Beliebtheit, weil ich andere so gut widerspiegeln kann beziehungsweise mich ihrer Meinung anpasse.«

Denken, Schule, Erkenntnisse, Intelligenz, Lernen

»Wie der Mond bin ich ein Himmelskörper, der von einer Vielzahl von Aspektverbindungen mit anderen Planeten profitieren würde, obwohl ich weniger davon abhängig bin. Dann könnte ich mein Prinzip der klaren, unvoreingenommenen Objektivität besser repräsentieren und einen neutralen Einfluss ausüben. Ich funktioniere effektiver, wenn ich mich mit anderen Planeten verbinden kann, da sich mein Potential am besten entfaltet, wenn ich von einer Vielzahl von unterschiedlichen Einflüssen angeregt werde. Obwohl ich alleine dastehe, ist mein Gehirn ständig höchst aktiv. Ich denke über vieles nach und komme zu zahlreichen Erkenntnissen. Meine eigene Intelligenz unterschätze ich oft, obwohl sie unter meiner Unaspektiertheit nicht leidet. Nicht selten bin ich zu guten, ja sogar hervorragenden schulischen Leistungen befähigt. Ich kann außerordentliche, geistige Begabungen in einzelnen Lebensbereichen besitzen, die durch meine Hausstellung definiert sind. Meine ständige Wachheit und meine lebhafte Vorstellungskraft können mir oft einen Vorsprung verleihen, was mir als Kind nicht bewusst war. Daher war ich schon sehr früh altklug und meinen Altersgenossen voraus. Im Kontakt mit Menschen schwanke ich zwischen stillem Rückzug zu mir selbst und zwanghaftem Reden, ohne Rücksicht auf die Reaktion der anderen.

Andere Planeten könnten mir wesentliche Lernerfahrungen zuteil werden lassen, die ich gerne annehmen würde. Unaspektiert fehlt mir die Möglichkeit, mir Wissen anzueignen. Deshalb ist meine geistige Entwicklung nicht abgerundet. Obwohl mein Geist oftmals sehr rege und intelligent ist, kann ich ihn nur sehr einseitig anwenden. Ich bin zwar in der Lage, auf intelligente Weise Informationen auf allen Gebieten zu sammeln, die mein Interesse fesseln, dennoch verstehe ich mich selbst und mein Funktionieren nicht besonders gut.«

Zerstreut, Ablenkung, Vielseitigkeit

»Mein Vorteil kann darin bestehen, dass ich – anders als meine stark aspektierten Merkur-Geschwister – mich weniger ablenken lasse und deshalb weniger zerstreut bin, da ich nicht gleichzeitig in vielen verschiedenen Bereichen aktiv werde. Dadurch bin ich aber auch geistig weniger flexibel und kann mich nur schlecht an Veränderungen anpassen (besonders dann, wenn ich in einem Fixzeichen stehe).

Es kann aber auch sein – da ich rastlos und lebhaft bin – dass ich große Probleme damit habe, zuverlässig und stabil zu sein, mich dauerhaft auf etwas einzulassen oder mich zu binden. Manchmal läuft bei mir Tag und Nacht Musik, Unzuverlässigkeit und Haltlosigkeit treten in den Vordergrund. Dass ich an einem Tag voll präsent bin, aber am nächsten Tag verschwunden, verstärkt diesen Eindruck. Ich bin überall voll da, aber ohne Ziel, ohne Gemeinsamkeit mit einer anderen Kraft. Tatsächlich scheine ich keine besondere Hartnäckigkeit, Ausdauer oder enthusiastische Hingabe als Antrieb zu besitzen, um zu einem Erfolg zu gelangen. Charakteristisch ist vielmehr der ständige Wunsch loszuziehen, auszubrechen, aufzugeben und die Richtung zu wechseln. Dabei erlebe ich neue Höhen und Tiefen – ich bin in Null Komma nichts auf dem Gipfel, worauf dann jäh ein Absturz folgt.«

Beispiel für einen unaspektierten Merkur im Steinbock
im 1. Haus

»Ich lernte bereits früh zu sprechen. Ich drücke über mein Reden und meine Sprache der Welt mein Antlitz auf, auch wenn ich dabei Widerständen begegne! Dabei bin ich nicht sehr selbstkritisch und rufe: Platz da für mich! Ich bin kein Wunderkind, aber meine Offenheit für geistige Strömungen der Umwelt lassen mich geistig frühreif erscheinen. Meine Neugierde macht mich schon früh weise. Nicht dass ich ein besonderes Urteilsvermögen

hätte, eher eine naive Anpassungsfähigkeit an das Denken der Umwelt. Diese Anpassung erscheint mir zweckmäßig, denn ich versuche immer an der Seite des Stärkeren zu stehen. Einige nennen mich deshalb opportunistisch und sogar charakterlos.

Ich bin taktisch versiert, clever und geschickt in der Art, mich einzubringen. Ich rede viel, habe zu allem etwas zu sagen und irre mich nie! Mein Auftreten kann dabei sehr intellektuell wirken oder auch unüberlegt, da meine Worte mangels Aspekten nicht abgestimmt sind mit meinem wahren Wesenskern. Manchmal kann ich nicht verarbeiten, was ich eben gehört habe, dann plappere ich einfach nach, was gerade gesprochen wurde, will dann aber genau das schon vorher gesagt haben.

Ich habe das Bedürfnis, Informationen zu sammeln und zu verarbeiten, zu analysieren und zu systematisieren, zu kommunizieren und Kontakte herzustellen. Dabei bin etwas farblos und emotionslos, denn Gefühle passen nicht in eine Diskussion, die sollte sachlich verlaufen.

Ich habe etwas Unbeständiges, Nervöses und Rastloses an mir, arbeite und denke viel, alles dreht sich dann ohne Ende in meinem Kopf, ohne einen Ausweg zu finden.

Die Logik der Tatsachen überzeugt mich. Wahrheit ist hart und unbeugsam wie Granit. Eigentlich bedarf es nur eines gesunden Menschenverstandes, um logisch zu sein!

Wenn ich keine Lust habe, viel zu reden, sage ich wenig, aber das mit Nachdruck. Dann kommuniziere ich in Form von klaren und präzisen Anweisungen. Mit meinem knochentrockenen Humor bringe ich selbst Steine zum Lachen. Ich versuche um jeden Preis vernünftig zu sein. In konkretem Sinne bin ich das auch, aber manchmal merke ich gar nicht, wie unpraktisch ich dem wahren Leben gegenüber sein kann! Meine Gedanken sind hauptsächlich auf die Dinge der Umgebung beziehungsweise nach außen gerichtet. Ich kann gut beobachten, bin aber wenig selbstkritisch, vor allem, was mein Denken betrifft. Ich beginne erst an mir zu arbeiten, wenn es nicht mehr anders geht.

Ich versuche, meine Ziele mit entschiedenem und zähem Ar-

beiten zu erreichen. Ein schnelles Vorgehen oder gar schnelle Resultate sind aber nicht zu erwarten, da ich meine Zeit brauche. Ich sammle alle wichtigen Fakten und gehe möglichst planmäßig und zielgerichtet vor. Es fehlt mir etwas der Mut, mich auf unkonventionelle Weise zum Ausdruck zu bringen, denn dann könnte die Anerkennung ausbleiben. Ich denke also eher formalistische und nicht individuelle Gedanken und auf den Ausdruck von Gefühlen verzichte ich ganz. Manchmal erscheine ich dabei eiskalt und nur auf meine eigenen Vorteile bedacht, aber eigentlich habe ich vor allem Angst zu versagen, nicht zu genügen und ausgelacht zu werden.«

Bekannte Personen und Ereignisse mit einem nicht aspektierten Merkur

Mein Lieblingsbeispiel ist der indische Politiker und Freiheitskämpfer Mahatma Gandhi mit einem unaspektierten Merkur im Skorpion im 1. Haus (nicht mit Huber-Orben).

– Bertrand Russell (Philosoph, Schriftsteller »Das menschliche Wissen«; man könnte dies als eine Studie über einen unverstandenen Teil von ihm selbst sehen, der ihn unablässig beschäftigte), 6. Haus, Stier.
– Karl Marx (Philosoph), 3. Haus, Stier
– Federico García Lorca (Dichter und Philosoph), 5. Haus, Krebs
– Madame Curie (Wissenschaftlerin, Nobelpreisträgerin Physik), 10. Haus, Schütze
– August Strindberg (Schriftsteller), 1. Haus, Wassermann
– Carl Zuckmayer (Schriftsteller), 6. Haus, Steinbock (Huber-Orben)
– Erich Maria Remarque (Schriftsteller), abgehängte Merkur-Neptun-Konjunktion, 7. Haus, Zwillinge
– Jane Birkin (Schauspielerin), Schütze
– Paul Newman (Schauspieler), 2. Haus, Fische

- Richard Strauss (Komponist und Dirigent), 11. Haus, Stier
- Königin Victoria von England, 12. Haus, Stier (Huber-Orben)
- Liz Greene (Astrologin), 9. Haus, Jungfrau (Huber-Orben)
- Marion March (Astrologin), 2. Haus, Steinbock (Huber-Orben)
- Philip Schiffmann (Astrologe, Erfinder Combin-Horoskop), 2. Haus, Widder
- Marcel Ospel (Vorsitzender Konzernleitung UBS), Steinbock
- Boris Becker (Sportler, Tennis), 11. Haus, Skorpion
- Jugoslawien, 8. Haus, Widder
- Ereignis: Flugzeugabsturz TWA 1996, 5. Haus, Zwillinge
- Ereignis: Swissair Absturz Halifax 1998, abgehängte Merkur-Venus-Konjunktion, 4. Haus, Löwe

Die unaspektierte Venus

Sicherheit

»Mein Instinkt für Sicherheit ist ausgebildet. Ich habe oft Partner, die über großes Ansehen oder viele Besitztümer verfügen. Auf diese Weise ist dann für meine Sicherheit gesorgt.

Da ich keine Aspekte habe und damit keine Beziehungen zu anderen Teilpersönlichkeiten eingehen kann, fällt es mir schwer, meine ansonsten extrovertierte und sozial anpassungsfähige Seite auszudrücken. Meine Bedürfnisäußerung nach Sicherheit und Geborgenheit auf dem emotionellen und materiellen Gebiet bewegt sich zwischen Extremen. Wenn mich das Thema Sicherheit wieder mal fasziniert, kann ich sehr geizig sein mit mir selbst. Nach dieser Phase interessieren mich Geldangelegenheiten für einige Zeit kaum mehr.«

Geselligkeit, Geborgenheit, Sinnlichkeit

»Oft habe ich das Gefühl, in sozialen Bereichen mehr Beobachter anstatt Teilnehmer zu sein und die normalen Freuden der sozialen Interaktion nicht zu haben. Dafür liebe ich doch die Geselligkeit! Dies nach außen hin zu zeigen, ist jedoch schwierig, und so habe ich auch in Beziehungen und kollegialen Freundschaften schon beträchtliche Probleme gehabt, die richtige Verbindung und den richtigen Kontakt mit dem Gegenüber zu finden.

Ich genieße den exklusiven Bereich meines persönlichen Lebens, den meine Hausposition anzeigt, und ziehe eine ausgesprochen starke Befriedigung aus ihm. Dort bin ich fähig, mich innerlich ins Gleichgewicht zu bringen und ein Gefühl der inneren Harmonie zu erlangen, was nicht mal meine aspektierten Kolleginnen können, deren Aktivitäten so sehr auf die Außenwelt gerichtet sind.«

Partnerschaft

»Hinsichtlich der Gefühle für andere Menschen muss man bei mir mit heftigen Verliebtheiten rechnen, die sich abwechseln mit völliger Kühle und Desinteresse. Oft habe ich im einen Augenblick das Bedürfnis nach einer sicheren und behaglichen Beziehung, während im anderen das Verlangen nach Liebesabenteuern auftaucht.

Wenn die sinnliche Seite mit mir durchgeht, bin ich wie besessen von materiellen Besitztümern oder von sexueller Aktivität. Ich besitze einen Charme, der nicht sofort wirksam ist und kann so auf den ersten Blick den Eindruck von Schüchternheit oder Grobheit vermitteln. Einige Leute meinen sogar, mir fehlen Attribute von Weiblichkeit, ich sei zu hart und zu wenig feminin. Diese Leute kennen mich nicht gut genug, sonst wüssten sie, dass ich in bestimmten Situationen sehr weich und weiblich sein kann. Dann fließe ich beinahe über vor Liebe, als ob ein Damm gebrochen wäre. Wenn der Stausee dann geleert ist, dauert es vielleicht eine gewisse Zeit, bis ich diese Intensität selbst wieder spüre und auch nach außen tragen kann.

Eine Leidensgenossin von mir ist ein typisches Mauerblümchen. Diese Wesensverwandte kann ihre Umwelt nicht über ihr soziales Verhalten beeinflussen. Ihr fehlt die Fähigkeit, zwischen sich und den anderen eine Brücke zu schlagen. Aber auch ich selbst bin in Liebesangelegenheiten nicht besonders aktiv. Dafür sind meine Reaktionen ausgesprochen intensiv, z.B. reagiere ich stark auf sinnliche Reize von außen. Überhaupt bin ich sehr auf sinnliche Befriedigung ausgerichtet und genieße jeglichen Körperkontakt sehr. Dabei muss ich nicht unbedingt feste Bindungen eingehen. Ich kann sehr unabhängig bleiben und trotzdem gleichzeitig meinen persönlichen Bedürfnissen gerecht werden – auch wenn es mir oft schwer fällt, diese überhaupt zu erkennen und zu formulieren. Mein Bedürfnis nach Zuneigung bleibt jedoch unbewusst oder ich zeige es nicht offen. Ich kann also recht zurückhaltend sein, schroff sogar, obwohl ich sehr empfänglich und beeindruckbar bin.

Durch meine Projektionen von venusischen Qualitäten ziehe ich oft Partner an, die diese Eigenschaften verkörpern. In Beziehungen bin ich loyal, untreu sein macht mir kein Vergnügen. Ich kann mich jedoch nicht mit unausgewogenen Situationen abfinden. Wenn ich in Beziehungen immer nur gebe und wenig bekomme, kann ich mich schon mal in den Armen eines Liebhabers ausweinen. Mein unstillbarer Durst nach Liebe wiegt in dieser Phase schwerer als das Gefühl der Schuld.

Mein Interesse bzw. meine Fähigkeit all das anzuziehen, was zu mir passt, ist auf die Bereiche meines Hauses begrenzt, die recht zwanghaft oder einseitig sein können. Ich kann mich dann in meinen Idealen von Liebe, Schönheit und Harmonie verlieren. Ich träume von perfekten Beziehungen und bin enttäuscht, wenn sich als Ergebnis nicht die im Kopf ausgemalte Liebe einstellt. Kommt eine Liebesbeziehung zustande, kann ich mich bis zur Selbstaufgabe darin verlieren. Oder ich lehne die Liebe ganz ab. Oder aber Erotik und Körperkontakt sind sehr wichtig, weil ich das Gefühl habe, in der Kindheit nicht richtig geliebt worden zu sein. Ach – das Thema Liebe ist nicht immer einfach für mich.«

Harmonie, Schönheit, Kunst

»Ich habe eine starke Sehnsucht nach Kunst oder einzigartige »künstlerische« Qualitäten, aber weder Richtung noch Anker dafür. Eine meiner unaspektierten Kolleginnen kann mit Kunst überhaupt nichts anfangen, weil sie keinen Sinn für Form und Ästhetik hat.

Für Menschen, die mit mir zu tun haben, stehen meine Zuneigungen und künstlerischen Ambitionen in keinem Zusammenhang mit der Vernunft und passen scheinbar nicht zum Bild, das sie sonst von mir haben.

Ich habe ein sehr ausgeprägtes Bedürfnis nach Harmonie und Schönheit. Dabei besteht die Gefahr, dass ich auch dann Harmonie schaffen will, wenn eine vorübergehende Disharmonie oder Konfrontation sehr sinnvoll wäre, um Konflikte nicht zu zementieren oder zu verdrängen. Ich weiß schon, dass es die Luft reinigen kann, sich auszusprechen und sich die Meinung zu sagen, damit die Situation wieder harmonisch wird. Aber ich ertrage eine Streitatmosphäre schlecht. Paradoxerweise kann ich mich immer wieder selbst in Schwierigkeiten bringen, indem ich ungewollt bzw. unbewusst Situationen oder Beziehungen herstelle, die konfliktträchtig sind und Disharmonie erzeugen. So pflege ich eigentlich einen unharmonischen Umgang mit meinem Harmoniebedürfnis. Die Fähigkeit, in meinem Leben in harmonischer Weise mit Dissonanzen umzugehen, entwickle ich erst im Laufe der Jahre. Auch meine anderen Gaben – Liebe, Zuneigung, Harmonie – kann ich nur langsam zum Bestandteil meines Lebens machen.«

Genuss, Trägheit, Faulheit, Taktlosigkeit

»Ich habe weniger das Bedürfnis nach Tiefgang als vielmehr nach möglichst viel Genuss, Vergnügen und Zerstreuung. Wenn es darum geht, mich zu amüsieren, macht es keiner besser als ich!
Oft bin ich auch einfach träge und faul, jede Anstrengung ist mir dann zu viel. Manchmal zerstöre ich mit einer spontanen Taktlosigkeit eine schöne Atmosphäre. Mit meinen Gefühlen für andere kann ich nicht so recht umgehen. Einmal übertreibe ich und ein andermal unterdrücke ich die Gefühle, ohne sie zu zeigen. Bei meinen unaspektierten Venus-Kolleginnen in Männer-Horoskopen führt dies manchmal zu Problemen mit Frauen. Aber auch als Frau knüpfe ich nur schwer gute Beziehungen zu anderen Frauen.
Wenn ich Probleme habe, kommt es bei mir oft zu Essstörungen. Ich spüre mich dann gar nicht mehr und verliere den Zugang dazu, was mir beim Essen gut tut.«

Weitsicht, Ausgewogenheit

»Das Fehlen von Aspekten zu anderen Planeten liefert mir nur wenig Gefühl für Gegensätze. Weitsicht ist deshalb nicht gerade meine Stärke. Ich neige auch kaum dazu abzuwägen, bevor ich handle. Ich verspüre fast keinen Drang, in meinem Ausdruck ausgewogen zu sein, handle nicht mit Bedacht oder schwankend, im Gegensatz zu meinen aspektierten Kolleginnen. Vielmehr zeige ich nur wenig Zurückhaltung oder Mäßigung, erfülle meine Impulse in sporadischer, fast zwanghafter Weise und bin bei der Befriedigung meiner Wünsche sehr zielstrebig – falls ich diese kenne, was oft nicht der Fall ist.«

Beispiel für eine unaspektierte Venus im 7. Haus

Auch wenn es sich sicherlich um ein extremes Beispiel handelt, so scheint mir folgender Fall dennoch zitierwürdig:[11]

»Eine junge Frau mit unaspektierter Venus im siebten Haus, eine im Berufsleben effiziente Persönlichkeit mit klaren Zielvorstellungen, welche auch Geselligkeit und Abwechslung schätzt, verschwindet von Zeit zu Zeit für ihre Bekannten völlig von der Bildfläche. Sie wirkt auch im Beruf völlig abwesend und nicht bei der Sache. Manchmal nimmt sie kurzfristig unbezahlten Urlaub oder kündigt gar die Stelle. Hinterher stellt sich heraus, dass der Grund für dieses von der Umwelt mit Erstaunen zur Kenntnis genommene Verhalten eine Beziehung war, die sie vorübergehend alles andere vergessen liess. Andererseits scheint in ihrem Alltagsleben, das sie sonst sehr befriedigt, eine Beziehung kaum Platz zu haben. Offensichtlich hat sie also scheinbar nur die Wahl, sich entweder ausschließlich einer Beziehung zu widmen (Venus im siebten Haus), was die anderen Persönlichkeitsebenen völlig in den Hintergrund drängt, oder aber ihre anderen Komponenten zum Ausdruck zu bringen, was die Beziehungsthematik zu kurz kommen lässt. Der anderen symbolischen Entsprechung der Venus gemäß fällt es ihr auch schwer, ihre feminine, weibliche Seite und ihre Genussfähigkeit in ihren Alltag (durch das übrige Aspektgefüge symbolisiert) zu integrieren. Da der durch die Venus symbolisierte Persönlichkeitsanteil für sie in keinem Bezug zur übrigen Persönlichkeit steht, wird es einiger Bewusstmachungsarbeit bedürfen, diesen Persönlichkeitsanteil kennenzulernen und ihn so zu integrieren, dass er (und damit in diesem Fall die Beziehung) auch im Alltagsleben Platz hat und seine Qualitäten (in diesem Fall: Sinn für Schönheit und Harmonie, Erotik, Genussfähigkeit) zur Verfügung stehen.«

Bekannte Personen mit einer nicht aspektierten Venus

Mein Lieblingsbeispiel ist der Schriftsteller Antoine de Saint-Exupéry mit einer unaspektierten Venus im Krebs im 11. Haus.

- Käthe Kollwitz (Grafikerin, Malerin, Bildhauerin), 10. Haus, Zwillinge
- Anne Frank (»Tagebuch der Anne Frank«), 10. Haus, Stier (Huber-Orben)
- Bernd Pischetsrieder (BMW-Vorstandsvorsitzender), Widder
- Boris Jelzin (ehemaliger russischer Präsident), 7. Haus, Schütze (Huber-Orben)
- Steffi Graf (Sportlerin, Tennis), 11. Haus, Stier
- Boris Becker (Sportler, Tennis), 10. Haus, Waage
- Joseph Haydn (Komponist), Stier
- Wolfgang Amadeus Mozart (Komponist), 6. Haus, Wassermann
- Oscar Wilde (Schriftsteller, homosexuell), 2. Haus, Waage

Der unaspektierte Mars
Draufgängertum, Wille, Trieb

»Ich bin reine, vitale und wilde Energie, die immer voranschreiten will. Ich bin ein mutiger Draufgänger. Bei meinen spontanen Äußerungen von Verwegenheit kann ich recht gefährliche Situationen heraufbeschwören – was ich aber oft nicht einmal merke.

Ich lasse viel Bestimmtheit und Entschlossenheit erkennen. Dabei kann ich mich schwer kontrollieren, erkenne keine Grenzen an, bin impulsiv und selbstbezogen. Ich werde aktiv, ohne mir vorher irgendwelche Gedanken zu machen. Es besteht sogar die Gefahr, dass ich die vollständige Kontrolle über die Identität der Gesamtpersönlichkeit übernehme.

Unter meiner Oberfläche ist eine Kraft, die jederzeit zum Ausbruch kommen kann. Ich schwanke nicht zwischen diesem und jenem hin und her – ich verkörpere geradlinige und kompromisslose Aktivität und habe meinen eigenen glasklaren Willen. Die Gefahr besteht, dass ich vieles anfange und nur wenig zu Ende bringe. Deshalb muss ich bestrebt sein, mich auf bestimmte Ziele zu konzentrieren.

Ich äußere mich klar und markant, was von außen gesehen manchmal krass und heftig erscheint und Menschen in meiner Umgebung gegen mich aufbringt. Das ist keine böse Absicht, ich habe einfach Schwierigkeiten, den Einsatz meiner Energie auf eine Situation abzustimmen.

Mein Trieb ist sehr ausgeprägt und wütet manchmal blindlings herum. Mein Trieb und mein Wille sind nicht eingebunden, ich wildere mal da, mal dort, und ich finde keine Ergänzung. Mein Wille ist Wille an sich, mein Trieb Trieb an sich. Ich will zwar, weiß aber nicht so recht, was ich eigentlich will. So bin ich vom Trieb getrieben, stark potenziert, aber doch verpuffend, weil niemand meine Kraft aufnimmt.«

Durchsetzung, Gewalt, Aggression, Wut, Ärger

»Ich habe plötzliche Aggressivitätsschübe oder kurze, aber heftige innere Explosionen. Das fühlt sich an wie eine gespannte Feder, die jeden Augenblick mit geballter Kraft losschnellen kann, was aber nur selten geschieht. Andere empfinden mich als brutal und haben Angst vor mir. Sicher ist, dass sie mich bei einer Schlägerei auf ihrer Seite haben wollen. Ich habe meine Dynamik einfach nicht im Griff. In solchen Momenten bin ich unkalkulierbar, aufbrausend, jähzornig und sogar gewalttätig.

Es gibt Phasen, in denen ich recht zwanghaft bin und nichts mehr links oder rechts sehe, bis ich mein Ziel erreicht habe. In anderen Phasen habe ich jedoch wieder Mühe und Schwierigkeiten, mich persönlich durchzusetzen. Dann fällt es mir schwer, meinen Ärger und meine Wut zum Ausdruck zu bringen. Werde ich durch Planeten einer anderen Person oder Transite aktiviert, breche ich aus. Dann flackert meine Spannung plötzlich auf und macht sich aktiv Luft. In solchen Momenten bin ich mir selbst fremd und weiß nachher kaum mehr, wie alles gekommen ist, da mir meine Themen (Durchsetzung, Wut) unbewusst sind, ich diese abspalte und als nicht zu mir gehörig betrachte.«

Sexualität

»Ich lasse lange Zeit hindurch Selbstbehauptung, den Ausdruck von Ärger oder sexuelle Interessen vermissen – bis sich die Aggressivität plötzlich entlädt, oder ich zahlreiche sexuelle Aktivitäten aufnehme. Mein Sexualleben findet zwar nur sporadisch statt, dann aber mit höchster Intensität.

Im sexuellen Bereich habe ich aufgrund meines verstärkten Drangs nach Selbstbestätigung einen großen Eroberungsdrang. Manchmal unterhalte ich sogar mehrere Beziehungen gleichzeitig. Meine sexuellen Äußerungsmöglichkeiten sind vielfältig. Ich versuche, mich auf diesem Gebiet zu beweisen, aber die Unaspektiertheit spielt mir hier manchmal einen Streich, indem ich entweder im entscheidenden Augenblick plötzlich das Interesse verliere oder mich in jemanden verliebe, mit dem es auf sexuellem Gebiet überhaupt nicht klappt.

Als Frau ziehe ich zwar marsische Männer an, weil ich meine Energie an das andere Geschlecht delegiere, habe aber oft Schwierigkeiten mit Männern, vor allem in Liebesbeziehungen. Ich weiß nicht, was ich von Männern erwarten kann und wie ich mich verhalten soll. Ich verhalte mich oft selbst männlich oder gebe Themen wie Wille und Durchsetzung an den Mann ab.

Als Mann ist es schwierig, ein Gleichgewicht im Umgang mit meiner Männlichkeit bzw. mit Männerthemen zu finden. Ich nehme dann oft extreme Standpunkte ein und versuche auf diese Weise eine Unsicherheit in Bezug auf diese Themen zu kompensieren.

Ich wurde auch schon darauf aufmerksam gemacht, dass es mir bezüglich Selbsterkenntnis helfen könnte, mir zu überlegen, welche spezielle Rolle mein Sohn oder mein Bruder in meinem Leben spielt.«

Taktgefühl, Unabhängigkeit, Notwendigkeiten

»Es entspricht meinem Naturell, mich von anderen abzusondern, unabhängig von äußeren Einflüssen zu handeln, um meinen Selbstausdruck zu gewährleisten. Meine impulsiven Triebkräfte werden nicht durch die oftmals gegensätzlichen Bedürfnisse anderer Teilpersönlichkeiten modifiziert. Ich fühle mich unbehindert und uneingeschränkt. Ich habe kein schlechtes Gewissen, die sich mir so bietenden Möglichkeiten voll auszunutzen.

Ich wirke schroff, manchmal auch taktlos und grob, womit ich andere unbeabsichtigt kränke. Mein Freundes- und Bekanntenkreis kritisiert das oft.

Ich bin in der Lage, für mich selbst und gemäß meinen eigenen Interessen zu handeln – und dies ohne Unterstützung anderer Faktoren der Gesamtpersönlichkeit. Dafür habe ich Mühe, mich an Zwänge und Notwendigkeiten des Lebens anzupassen. Ich kann in meinen Handlungen irrational scheinen, da es mir an Vernunft, Kontrolle, Einsicht, Perspektive und Bewusstsein möglicher Konsequenzen fehlt (wozu mir Aspekte zu anderen Persönlichkeitsanteilen verhelfen würden).«

Energie, Sport, Kraft, Handlung, Aktivität

»Von allen unaspektierten Planeten rufe ich Wirkungen hervor, die nach außen hin am auffälligsten und kennzeichnendsten sind. Mein Selbsterhaltungstrieb, meine Tatkraft und Energie neigen zum Extremen und Zwanghaften, wobei ich oft kompensiere. Dies äußert sich in meiner Rastlosigkeit, der Unfähigkeit stillzusitzen, dem Drang, mich unablässig zu beweisen, ständiger Geschäftigkeit und in Aktivitäten, die ich mit höchster Energie betreibe. Ich habe immer etwas zu tun und decke mich mit Arbeit ein. Tatsächlich bin ich auffallend energiegeladen und tätig in den Lebensbereichen des Hauses, in dem ich stehe. Dort kommt meine aktive Kraft mit großer Zielstrebigkeit und Energie zum Ausdruck und dort bin ich auch fast ununterbrochen aktiv. Da ich keine Motivation habe, meine Energie auf andere Themen oder Persönlichkeitsanteile zu lenken, besteht die Gefahr eines Energiestaus, mit den bereits beschriebenen Folgen.

Auch bin ich aktiver Sportler und bleibe das bis ins hohe Alter, denn ich brauche die körperliche Betätigung, um mich lebendig zu fühlen und nicht krank zu werden. Wenn ich keine kanalisierenden Aktivitäten wie Sport finde, kann sich meine Energie gegen meinen eigenen Körper richten. Wenn ich krank bin oder im Bett liegen muss, werde ich unleidlich, launisch und depressiv.«

Beispiel für einen unaspektierten Mars im Wassermann im 6. Haus

»Ich bin äußerst eigenwillig und zeige bei der Verfolgung meiner Ziele exzentrische Vorgehensweisen. Meine Ideen verfolge ich stur und kompromisslos und dränge anderen gerne meine eigenen Ansichten auf. Verbal teile ich gerne aus, bin jedoch selbst überempfindlich und auch wehleidig.

Ich gerate schnell in Wut und werde dann ausfällig. So aufbrausend ich verbal bin, wenn mir die Hand ausrutscht, setze ich meine Kraft eiskalt und überlegt ein. Ein Schlag genügt, um meinen Gegner unschädlich zu machen.

Ich muss rebellieren und gegen etwas »wettern«, damit ich aktiv werden kann. Dabei bin ich längst nicht so emotional, wie es klingt. In meinem Inneren ist es ruhig, ich tue nur so des Effektes wegen und um die anderen aus der Reserve zu locken, denn ich liebe es, zu provozieren und meine Mitmenschen an ihre Grenzen zu bringen. Ich bin in der Lage, Standpunkte von Gruppen oder gesellschaftlichen Interessensvertretungen deutlich und polarisierend darzustellen. So kritisiere ich beispielsweise die arbeitsfaulen Ausländer aufs Schärfste. Ich habe aus einer mentalen Überzeugung heraus keine Angst, den Kampf mit der herrschenden Ordnung oder – abstrakter formuliert – mit den herrschenden Werten und Normen aufzunehmen.

Ich setze mich dann anders als erwartet durch und bin immer für eine Überraschung gut. Ich halte intensiv an einer bestimmten Vision fest und verteidige sie über lange Zeit, auch wenn ich bereits eingesehen habe, dass sie nicht zu verwirklichen ist. Manchmal tue ich dies sogar wider besseres Wissen, einzig und allein aus meinem Bedürfnis heraus, mich von anderen abzuheben oder weil ich zu stolz bin, meinen mentalen Fehler einzugestehen.

Ich muss mich mit der Sache identifizieren können, für die ich mich einsetze. Wenn das der Fall ist, kann ich Berge versetzen. Wenn mich etwas nicht interessiert, kann mich niemand dazu bewegen, mich näher damit zu befassen.

Ich hasse es, mich mit Gefühlen zu beschäftigen, ich gebe immer diverse logische Gründe für mein Handeln an. Auseinandersetzungen mit Gefühlsanteilen können meine Selbstsicherheit erschüttern. Deshalb setze ich aufsteigenden emotionalen Energien Widerstand entgegen, was mich von meinem Wesen entfremdet und mir eine kühle und unbarmherzige Haltung verleiht.

Ich liebe es, beruflich gegen andere anzutreten und der Beste, Schnellste oder Stärkste zu sein. In meinem Einsatz bin ich forsch, entschlossen, konfliktbereit, vorwärtsdrängend, risikofreudig.

Ich liebe Sex außerhalb der Norm. Mit Bindungen habe ich da so meine Mühe, denn auch in Beziehungen bin ich am liebsten frei. So frei, dass auch noch eine oder mehrere Nebenbeziehungen vorhanden sind, und sei es nur, um zu beweisen, wie frei ich bin. Wenn die Situation es verlangt, kann man auf mich zählen.

Dann bin ich zu 100% da, um mich zu beweisen. Meine Freunde können sich darauf verlassen, dass ich für sie eintrete und ihnen mit meiner Arbeitskraft beistehe.

Ich möchte absolut unabhängig sein und halte mich deshalb auch nicht an Konventionen. Ich bin ein Individualist. Ich kann mich temporär in einer Gruppe wohl fühlen, bin jedoch grundsätzlich ein Einzelgänger. Ich laufe Gefahr, aus eigener Schuld zu vereinsamen und mich dabei über die anderen zu beschweren. Ich richte zu viel Aufmerksamkeit auf meine eigenen Gedankenkonstruktionen, so dass ich mich vollständig von mir entfremden kann und in Krisen gerate.

Selbstkritisch bin ich nicht. Mir ist es wichtiger, mich durch Aktivität und Arbeit zu beweisen. Dabei kann ich eine Art von aggressiver Hilfsbereitschaft zeigen, die oft falsch verstanden wird. Doch dies ist meine Art von Dienstbarkeit. Ich verspüre einen starken Geltungsdrang. Ich möchte selbständig arbeiten und nicht abhängig sein von der Arbeit anderer. Ich wäre mit den Leistungen meiner Arbeitskollegen sowieso nicht zufrieden. Durch meine Unverträglichkeit passe ich in kein Team. Ich sehe mich oft nur von Feinden umgeben, gegen die es sich durchzusetzen gilt. Ich gehe unverantwortliche Risiken ein, rebelliere gegen Vorgesetzte und streite mit Kollegen.

Meine Widerstandskraft und mein Regenerationsvermögen sind groß. Ich werde selten krank und gesunde rasch. Ich verrichte jedoch gefährliche Arbeit, bei der es zu Verwundungen kommen kann: Ich bin Trainer für fernöstliche Kampfsportarten und trainiere mit echten scharfen Messern.«

*Bekannte Personen und Ereignisse mit einem
nicht aspektierten Mars*

Mein Lieblingsbeispiel ist der Boxer Mike Tyson mit einem unaspektierten Mars in den Zwillingen im 10. Haus (Huber-Orben).

- Papst Johannes Paul II,. 1. Haus (am AC), Waage
- Patty Schnyder (Sportlerin, Tennis), 10. Haus, Steinbock
- Nikolaus Kopernikus (Theologe, Mathematiker, Astronom), 6. Haus, Wassermann (Huber-Orben)
- Elisabeth Schwarzkopf (Sopranistin), 9. Haus, Löwe (Huber-Orben)
- George Bernhard Shaw (Schriftsteller), 6. Haus, Waage
- Walter M. Diggelmann (Schriftsteller), 10. Haus, Löwe (Huber-Orben)
- Horst Tappert »Derrick« (Schauspieler), 8. Haus, Zwillinge
- Rock Hudson (Schauspieler, an AIDS gestorben), 2. Haus, Skorpion
- Jesus Christus (nach Tschudin), 6. Haus, Steinbock
- Erwin Rommel (Hitlers Generalfeldmarschall), 8. Haus, Waage
- Nelson Rockefeller (Politiker), 10. Haus, Löwe
- Ereignis: Gründung Astrologisch Psychologisches Institut, abgehängte Mars-Saturn-Konjunktion, 7. Haus, Widder (Huber-Orben)
- Ereignis: Rütlischwur, abgehängte Mars-Jupiter-Konjunktion, 11. Haus, Löwe

Unaspektierte gesellschaftliche Planeten

Gesellschaftliche Planeten sind unter anderem verantwortlich – nomen est omen – für das Verhalten eines Menschen in der Gesellschaft und unter anderen Menschen. Dabei zeigt Jupiter die Fähigkeit, sein Verhalten im Umgang mit andern zu optimieren und das Beste aus allem herauszuholen, Saturn die Notwendigkeit, sich auf das Wichtige zu beschränken, Struktur zu finden und Verantwortung zu übernehmen.

Anders als die persönlichen Planeten entsprechen Jupiter und Saturn weniger unserem natürlichen Ausdruck als eher unserem Verhalten in der Gesellschaft, geprägt durch unsere Erziehung und unser Umfeld (Kultur, Religion etc.). Entsprechend werden die beiden Planeten oft in der Projektion erlebt.

Bei der Interpretation des nicht eingebundenen Jupiters zeigt sich noch eine besondere Schwierigkeit. Jupiter ist verbunden mit Ausdrücken wie »Religion«, »Sinn«, »Philosophie«, »Glaube«. Diese Begriffe sind in unserer Gesellschaft gefüllt mit Inhalten, die von verschiedenen Menschen äußerst unterschiedlich wahrgenommen werden. Dort liegt auch die Gefahr der folgenden Deutung. Ein betroffener Mensch wird die im Zusammenhang mit Religion verwendeten Begriffe (wie Gott, Gnade, Segnung) infolge seiner eigenen Assoziationen und Bedeutungszuschreibungen vielleicht absolut ablehnen oder einfach gar nichts mit ihnen anfangen können, weil sie in seinem Begriffswortschatz gar nicht vorkommen. Zwar kann das Nichtvorhandensein dieser Themen bereits Ausdruck der Unaspektiertheit sein, doch ist zu berücksichtigen, dass ein solcher Mensch durch das wiederholte Aufbringen solcher Themen und Ausdrücke ärgerlich oder zumindest irritiert reagieren kann.

Der unaspektierte Jupiter
Entwicklung und Projektion

»Am Anfang meines Lebens habe ich die Fähigkeiten nur in geringem Maß in mein Leben integriert, mit mir und der Welt zufrieden zu sein, mich glücklich zu fühlen und gute Gelegenheiten zu nutzen. Ich gab mir selbst kaum die Erlaubnis, ein angenehmes Leben zu führen und schöpfte daher meine Möglichkeiten diesbezüglich nicht voll aus, sondern hoffte immer wieder, dass sich jemand anders findet, der mir Glück bringt und mich fördert. Ich bewunderte und beneidete Menschen, die eine leichte, glückliche Hand haben und Lebensfreude ausstrahlen.

Viele meiner Leidensgenossen erlebten sich im Zusammenhang mit Eltern- und Autoritätsfiguren in der Projektion. Dabei wurde der gewährende, beschützende und ermunternde Elternteil zum Vorbild, die Autoritätsfigur, die durch ihre Großzügigkeit und ihren Optimismus auffiel, zum Idol. Im Laufe meines Lebens habe ich aber immer mehr begriffen, was meine Aufgaben sind: Zu lernen, mehr an mich zu glauben sowie Zufriedenheit und Glück in mir selbst zu finden.«

Expansion, Ausdehnung, Großartigkeit

»Ich bin die Teilpersönlichkeit der Expansion und des erweiterten Horizonts! Manchmal leide ich an Selbstüberschätzung und propagiere meine Meinung fanatisch. Der Drang nach Expansion, Wachstum, Entfaltung, Ausdehnung und Großartigkeit nimmt bei mir beeindruckende Formen an. Dabei laufe ich Gefahr, Dinge zu bedeutsam zu sehen und sie auch in dieser Weise in Angriff zu nehmen. Dann bewirke ich zwar viel, gehe aber auch hohe Risiken ein, beispielsweise auch gesundheitliche, vor allem wenn ich in Feuerzeichen stehe.

Gut und reichlich zu essen gehört zwar auch zu den Eigenschaften meiner aspektierten Geschwister, aber auch da besteht bei mir die Neigung, dass dies etwas übertriebene Formen annimmt; sei es in der Form des Vielessens (die kleinen Portionen im Restaurant finde ich eine Zumutung und verlange deshalb immer zusätzliche Speisen) oder einem ausgeprägten »wählerisch sein« (so esse ich beispielsweise weder Salat noch Fleisch).

Da meine Entfaltung frei im Raum schwebt, ist kaum ein Ziel für mich zu finden, geschweige denn zu erreichen. Das bedeutet: ziellose Expansion und noch mehr Expansion der Expansion wegen. Ich verliere hier sinnlos Energie, denn ich befriedige meinen Expansionswunsch in mir, ohne einen Sinn dafür zu finden. Manchmal fühle ich mich ziemlich hilflos, wenn meine Entfaltung keine Richtung findet. Da ich von anderen Teilpersönlichkeiten keine Anregung zur Entfaltung bekomme und von ihnen nicht eingebunden werde, kann mein im Kern starker Entfaltungstrieb verwildern und verkommen.«

Bildung, Philosophie, Vision

»Ich tue gerne etwas für meine Bildung und philosophiere gerne. Ich neige dabei manchmal zu etwas abstrusen oder zu solch himmelstürmenden Philosophien, dass mir niemand mehr folgen kann. Ich bin sehr gebildet und habe einen großen Wissensschatz angesammelt. Entweder führe ich dies alles zu einer gewaltigen Synthese zusammen, auch die Dinge, die überhaupt nicht dazugehören, oder ich verfehle mein Ziel und bleibe bei halbfertigen Sachen stehen. Ich gönne mir allerdings keine Rast und gelange zweifellos auch zu einer bestimmten Lebensvision. Meine Überlegungen und Ideen können überaus stimulierend sein, doch bin ich selbst niemals damit zufrieden – ich will immer mehr!«

Optimismus, Glück

»Ich bin stets von hohen Erwartungen an das Leben und einem starken Lebenshunger geprägt, und ich verfüge im hohen Alter noch über viele Kräfte, um die mich andere nur beneiden! Ich stehe vorwiegend für positive Auswirkungen und agiere sozusagen als Puffer gegen Schwierigkeiten, die aus dem Rest des Lebens erwachsen. Ich setze eine entschlossene und gleichzeitig freundliche Miene auf, wenn ich mich Widerständen gegenübersehe. Ich gebe mich dem Fluss meiner Energie hin, was damit in Übereinstimmung steht, dass tief in meinem Inneren viel Selbstvertrauen und Weisheit verborgen sind.

Ich bin in der Lage, mich selbst anzuspornen! Mit meinem grenzenlosen (aber leider nicht immer berechtigten) Optimismus und meiner wohlwollenden Haltung gegenüber allen kann ich anderen Mut machen. Ich bin auch dazu fähig, einfach so dahinzuleben, unternehmungslustig von einem Zusammentreffen zum anderen zu eilen (ich habe immer etwas Liebenswertes an mir und andere mögen meinen Humor!) oder eine Reise nach der anderen zu buchen (dies stets ein halbes Jahr im Voraus, damit ich etwas vor mir habe, auf das ich mich freuen kann). Nur echte Aufgaben und Anstrengungen sind in meinem Hausbereich nicht gefragt.

Unaspektiert kann ich durchaus als Faktor aufgefasst werden, der für Glück und Erfüllung steht. Es fragt sich allerdings, ob die Gesamtpersönlichkeit und die anderen Teilpersönlichkeiten die Größe haben, diesen Chancen, die ihnen durch mich erwachsen, gerecht zu werden.

Ein anderer meiner isolierten Jupiter-Kollegen ist etwas weniger glücklich. Bei ihm kann die Gesamtpersönlichkeit weder durch Inspiration noch durch inneren Auftrieb wachsen. Da ihm Schwung und Antrieb fehlen, fühlt er sich durch das Leben und seine Last niedergedrückt.«

Geselligkeit

»Meine Geschwister, die Aspekte aufweisen, streben von Natur aus nach einer aktiven Beteiligung am gesellschaftlichen Leben und nicht nach Einsamkeit. Da ich unaspektiert bin, bin ich weniger gesellig, sozial engagiert und interessiert oder zeige diese Verhaltensweisen nur mit vorübergehender Begeisterung. Manchmal suche ich sogar aktiv die Einsamkeit und Abgeschiedenheit.

Meine natürliche Spontaneität kann ich nicht voll ausleben, außer für kurze Augenblicke. Ich lege einen ungezügelten Überschwang an den Tag, der ebenso schnell wieder verschwindet wie er gekommen ist. Aspekte von anderen Teilpersönlichkeiten würden mich mehr motivieren, Erfahrungen zu sammeln, was mir helfen könnte, meine Urteilsfähigkeit besser zu entwickeln. Ich ziehe leider wenig Situationen an, in denen ich mein Urteilsvermögen aktiv anwenden muss. Dadurch ist es etwas unterentwickelt.«

Vision, Ideale

»Anders als meine aspektierten Geschwister, die Lebenserfahrung haben (da sie im Leben mehr Gelegenheiten erhalten, die dazu beitragen, dass sie weise werden), bin ich ausgesprochen idealistisch, doch in vielen Lebensbereichen sehr naiv und bescheiden. Manchmal lebe ich in einem Elfenbeinturm und fühle mich abgeschnitten von den moralischen oder religiösen Maßstäben, die in der Gesellschaft vorherrschen. Ich neige weniger dazu, Glaubenssystemen oder Lebensanschauungen zu folgen, was man aufgrund kultureller Zwänge oder früher Konditionierung von mir erwartet. Selbst wenn ich ausgesprochen philosophisch bin, lässt meine Unabhängigkeit darauf schließen, dass ich ein Einzelgänger auf der Suche nach einem höheren Lebenssinn oder der letztendlichen Wahrheit bin. Meine diesbezügliche Vision ist deshalb einzigartig.«

Zwanglos, freimütig, großzügig

»Da ich wie auch Uranus mit Themen zu tun habe, die etwas entfernt von der Realität oder entrückt sind, erscheine ich manchmal nicht zwanglos und freimütig, sondern eher unbeteiligt und geistig distanziert. Bei anderen Gelegenheiten (vor allem im Zusammenhang mit meinem Haus) scheinen meine edlen Eigenschaften besser zur Geltung zu kommen. Es kann mir sogar passieren, dass ich zu großzügig bin. Dann werde ich von anderen ausgenutzt und finde für mich keine Grenzen und keinen Halt mehr, bis ich leer und erschöpft bin.«

Religion, Intuition, Glaube, Gerechtigkeitssinn

»Ich bin die Erkenntnis, die höchste, nur unmittelbar und wortlos erlebbare Erkenntnis, die gemeinhin »Intuition« genannt wird. Weil ich weiß, dass meine Wahrheit nur Bestand hat, wenn ich an der göttlichen Quelle bin, versuche ich mich möglichst wenig zu hinterfragen. Denn ich bin die gottverbundene Wahrheit, das durch keinerlei Kritik gestörte Wissen! Diese Wahrheit gibt mir Kraft in Form von Glauben und Hoffnung, denn ich bin aufgehoben in der niemals endenden Geborgenheit im Schoße Gottes. Hoffnung bedeutet Glück, für mich und die Menschheit. Diese Intuition wird erst begreiflich, wenn sie übersetzt wird in Wort und Schrift vom Instrument des Merkurs. Doch wie soll dies geschehen ohne eine Verbindung zu diesem Boten?

Mein religiöses Empfinden ist also gut entwickelt, was Sie jedoch nicht mit Konfessionstreue verwechseln dürfen! Bereits meine aspektierten Geschwister sind von Natur aus eigenwillig und gehen am liebsten den Weg, den ihnen ihr Gewissen vorschreibt, und dies ist nicht immer der Weg der kirchlichen Autoritäten. Zweifel und Gewissheit wechseln sich dabei auf meinem Weg ab. Aus einer zutiefst religiösen Empfindung kann ich auch sehr wohltätig und gütig auftreten und Menschen helfen.

Unaspektiert ist es jedoch sehr schwierig, mein Werk zu tun. Wie gerne würde ich nach freudig getaner Arbeit wieder meine innere Zufriedenheit und Ruhe aufsuchen. Aber meine Antriebskraft und Frohsinn wird leider wenig unterstützt von den anderen. So muss ich halt entweder den Frieden in mir selbst suchen und mich damit zufrieden geben oder eben ausbrechen und die anderen auf penetrante Weise auf den richtigen Weg bringen.

Eigentlich sollte ich ja das Werkzeug der Sonne sein, um das auszudrücken, was im Menschenleben »aufwärts« will, sich erheben, höher steigen. Diese Aufgabe wahrzunehmen ist schwer. Schwer fällt es damit auch der Gesamtpersönlichkeit, die noch nicht gegangenen Wege der Verheißung zu gehen in eine lichte, noch ungetrübte und höhere Zukunft. Nur selten gelingt es mir, meinem Umfeld den Glauben einzuflößen, von einer Kraft getragen zu werden, die hilft, dass am Ende doch alles gelingen wird.

Durch meine Intuition begreife ich das Naturgeschehen. Es ist jedoch nicht leicht, meiner Gesamtpersönlichkeit die Folgerichtigkeit aller Ereignisse klar zu machen, oft sieht sie keinen Sinn hinter diesen. Ich jedoch erahne das höchste Gesetz, das Gesetz der Gerechtigkeit, was sich einerseits in meinem ausgeprägten Gerechtigkeitssinn aber auch in meinem Glauben niederschlägt. Als Herrscher des Schützezeichens lenke ich das moralische Bewusstsein des Menschen auf das Höchste und Oberste hin und übernehme damit die Verantwortung für alles, was sich aus dem Willen heraus im Leben ergibt. Als Herrscher über die Fische kenne ich auch die (Ver-)Antwort(ung) der Gnade und der Segnung. Segnen heißt, die Gnade weiterzutragen und Gnade empfindet nur ein vom Glauben inspirierter Mensch. Ungläubige werden diese meine Kraft nie verstehen! Missbrauche ich diese Kraft, werde ich überheblich, hochmütig, aufgeblasen und bete nur noch mich selbst an. Dann wird aus meiner Hoffnung Leichtsinn und Opportunismus, aus meiner Gläubigkeit Leichtgläubigkeit, aus meinem Vertrauen an die höhere Eingebung und Intuition wird übertriebenes Selbstvertrauen und Eingebildetsein. Mein Gerechtigkeitssinn wird dann zu fanatischer Rechthaberei bis zu einem Glauben an die eigene Unfehlbarkeit, wie es uns die Vertreter in Rom vormachen, die uns als negatives Symbol meiner Aspekt- und Respektlosigkeit dienen können.«

Beispiel für einen unaspektierten Jupiter im Skorpion im 7. Haus

»Gerne räume ich für andere den Schutt in ihrem Leben weg und fühle mich dabei wie eine Art Priester, der die hoffnungsfrohen Kräfte eines Menschen aktiviert. Mein Ideal ist das der Gnade und der Vergebung. Meine Gefühlswelt hat eine seltsame Anziehungskraft auf andere. Sie finden bei mir eine Art seelische Zufluchtsstätte, und suchen dort Erlösung für alles Leid. Ich bin die labende Oase in den Wüstenstürmen meiner Seele und der Seele der Menschen, die meine Nähe suchen. Meine seelische Kraft und mein Grad an Selbstvertrauen sind groß, auch wenn ich weiterhin auf der Suche nach mir selbst und meiner Bedeutung bin. Ich finde Abgründe vielversprechend und habe einen ausgesprochenen Sinn für das Hintergründige. Es mag paradox klingen, aber in meinem Bedürfnis nach Ausbreitung und Expansion ziehe ich meine Erfahrungen tief zu mir nach innen. So wirke ich nicht in die Breite, sondern in die Tiefe. Äußerlicher Pomp bedeutet mir nichts, mir geht es immer um den Kern der Dinge. Ich versuche, das ganze Leben und meine eigene Rolle und Bedeutung in ihm zu verstehen.

Ich fühle mich reich beschenkt durch Beziehungen und begegne meinem Partner voller Vertrauen, Optimismus und Großmut; ohne eine solche Basis hat eine Verbindung keinen Wert. Ich habe hoch gesteckte Beziehungsideale und möchte stolz auf meine Beziehung sein. Allen Beziehungen, die ich eingehe, erteile ich meine Art von Segen. Ich fühle mich durch sie reich beschenkt, sie sind keine zufälligen oder profanen Angelegen-

heiten, sondern erfüllen mich mit einem beinahe religiösen Ernst. Hier bin ich auch bereit, Opfer zu bringen. Das geht manchmal so weit, dass ich ausgenutzt oder ausgebeutet werde und mich über längere Zeit nicht dagegen wehren kann. Ich finde, dass zwischen Partnern eine Ebenbürtigkeit bestehen sollte und alle Rechte und Pflichten auf beide verteilt werden sollten (obwohl aspektlose Kollegen von mir oft auch etwas zu bequem sind, um Pflichten und Verantwortung in einer Beziehung zu übernehmen oder sich anzupassen). Wenn ich mit anderen Menschen über meine philosophischen Gedanken rede – was selten genug vorkommt – fühle ich mich oft nicht verstanden. Ich habe den Wunsch, dass wenigstens mein Partner mit mir philosophiert und geistreiche Gespräche führt und dabei versucht, mich zu verstehen.

Ich habe den Impuls, in einer Beziehung Beschützer und Helfer zu sein oder bin dies zumindest immer dann, wenn es nötig ist. Ich verspüre keine Neigung, einmal eingegangene Beziehungen wieder aufzulösen. Und wenn, dann werde ich meinem früheren Partner trotzdem weiterhin beistehen.

Die Frage, wie ich glücklich werde, beschäftigt mich. Oft suche ich mein Glück bei jemand anderem und denke, dass Beziehungen meine Glücksquellen sind. Es gelingt mir, in anderen die besten Seiten zu wecken und durch sie viel Unterstützung und Förderung zu erhalten. Diese Form der Projektion ist für mich zwar attraktiv und lohnend, aber ich habe auch gelernt, dass ich es selbst in der Hand habe, auch aus meinen Möglichkeiten das Beste zu machen und aus mir selbst heraus zu jenen Horizonten zu finden, die ich so gerne bei anderen vermute. So kann ich zu meiner eigenen inneren Zuversicht finden, um nach eigenen Maßstäben glücklich zu werden.«

Bekannte Personen mit einem nicht aspektierten Jupiter

Mein Lieblingsbeispiel ist die Anthroposophische Gesellschaft mit einem unaspektierten Jupiter im Schützen im 9. Haus.

- Andre Agassi (Sportler, Tennis), Waage
- Ludwig van Beethoven (Komponist), 9. Haus, Steinbock
- Franz Josef Strauß (Politiker), 11. Haus, Fische (Huber-Orben)
- Prinz Edward von England, 7. Haus, Widder
- Janis Joplin (amerikanische Bluessängerin), 5. Haus, Krebs

Der unaspektierte Saturn

Projektion

»Wie meine abgehängten Jupiter-Kollegen erlebe auch ich mich oft in der Projektion. Ist dies im Zusammenhang mit Eltern- und Autoritätsfiguren der Fall, stehe ich im Horoskop eher für den kritischen, strengen und strafenden Elternteil, also für die einschränkende und unterdrückende Autorität. In der Kindheit erlebte ich mich anfänglich als Projektion durch einen Elternteil, der immer wieder Strukturen vorgab und darauf achtete, dass die gesellschaftlich nötigen (in meinen Augen jedoch unnötigen) Pflichten erfüllt wurden. Später suchte ich mir einen saturn- oder erdbetonten Partner, der diese Rolle übernahm und für Halt sorgte. Ich habe die Tendenz, so lange wie möglich in der Kindrolle zu bleiben und die Verantwortung nach Möglichkeit andern zu übertragen. Mit einem entsprechenden Partner kann ich die Projektion unter Umständen sogar während meines ganzen Lebens aufrechterhalten, was jedoch immer wieder zu Frustration und Blockierung führt.

Ich kenne auch Extremfälle unter meinen abgehängten Saturn-Kollegen, die keinen entsprechenden Partner gefunden haben. Bei ihnen mussten Behörden und Ämter die Saturnfunktion einnehmen, was zu einem Dasein am Rande der akzeptierten Gesellschaft führte.«

Halt, Verantwortung, Autorität

»Es bereitet mir Mühe, mir und meinem Leben eine innere Struktur zu geben, einen inneren Halt zu finden und wirklich selbstverantwortlich zu handeln bzw. Verantwortung zu übernehmen. Den fehlenden inneren Halt erlebe ich oft als ein Gefühl der Heimatlosigkeit oder der Entwurzelung. Es mangelt mir an der Fähigkeit, als Autorität zu führen. Ich kenne Phasen, in denen ich im Umgang mit kleinen Dingen sehr verantwortungsvoll reagiere und an den großen, wirklich wichtigen Angelegenheiten verantwortungslos vorübergehe (oder genau umgekehrt).

Mit Autoritätspersonen wie z.B. Chefs habe ich so meine Mühe. Ich ertrage es schlecht, von anderen dominiert oder herumkommandiert zu werden, schließlich versuche ich selbst mit allergrößter Mühe, Führungseigenschaften zu entwickeln. Meine Untergebenen merken auch, dass ich recht chaotisch bin und die anstehenden Aufgaben nur schwer strukturieren und priorisieren kann. Die Mühe mit Autoritätspersonen begann schon in meiner Kindheit. Dies war ein Thema in der Schule und auch zu Hause, wo ich kaum etwas mit meiner Mutter zu tun hatte, die doch eigentlich für meine Erziehung hätte sorgen sollen.«

Einschränkung, Angst

»Ich ertrage Einschränkungen schlecht und habe eine Neigung zu Selbstüberschätzung und Grandiosität, da meine Selbstkontrolle und Selbstbeschränkung sowie die Fähigkeit, die eigenen Grenzen und Schwächen zu sehen, nicht im Persönlichkeitsgefüge integriert sind. Nach außen kann ich mich so auf einer sanfteren und weniger angstbehafteten Ebene zeigen. Wenn ich jedoch im Kontakt mit mir und meiner Angst, nicht zu genügen, bin, spüre ich andere Persönlichkeitskomponenten nicht mehr und falle kurzfristig in eine tiefe Depression. Angst kann meinen Hang zur Überkompensation verstärken. Meine beschränkenden und begrenzenden Eigenschaften – die sonst auch ihre positive Seite haben – hindern mich in Verbindung mit meiner Angst daran, Chancen zu nutzen. Mit meinem Pessimismus glaube ich, doch nichts zustande zu bringen. Dann lebe ich meine Zielstrebigkeit in kleinen und unbedeutenden Dingen aus.

Abgehängte Saturn-Kollegen leben ihre Eigenart wesentlich positiver. Sie sind Spezialisten der Einfachheit und Klarheit, können sich auf das Wesentliche beschränken. Sie lassen in ihrem Wesen und in ihrer Art durch das Leben zu gehen viel Demut erkennen.«

Realitätsbezug, Einsamkeit, Schuld

»Meine Unabhängigkeit führt zu einem Zustand, in welchem ich einen mangelnden Realitätsbezug verspüre und meine Sehnsucht nach Einsamkeit verstärkt wird oder ich sehr melancholisch bin. Saturntransite, wie etwa der Saturnreturn um dreißig herum, lösen bei mir eine gewisse Paniksituation aus wegen meiner Angst vor Einsamkeit.

Wenn ich der Sehnsucht nach den freiheitlichen Facetten des Lebens nachgebe, bekomme ich Gefühle der Schuld und sorge mich um meine Rolle als Verantwortlicher, z.B. als Familienvater. Wenn andere Horoskopmerkmale anzeigen, dass meine Gesamtpersönlichkeit viel Freiheit und Freiräume braucht, empfinde ich dies besonders widersprüchlich.«

Struktur, Pflichtbewusstsein

»Struktur und Präzision findet man bei mir nur in begrenzten Lebensbereichen und auch dort sind sie nicht mit der Gesamtpersönlichkeit verbunden. Es fehlt mir daher oft die Fähigkeit zu strukturieren. Ohne Aspekte fehlen mir Lebenserfahrungen und Lebensumstände, die mich auf die Probe stellen und in denen ich meine Stärken und Schwächen erproben kann, um eine eigene Struktur zu entwickeln. Unaspektiert bin ich nicht sehr pflichtbewusst, sondern eher gleichgültig oder teilnahmslos hinsichtlich Dingen, die außerhalb meines eigenen Wirkungsbereichs liegen. Manchmal habe ich aber auch das Gefühl, alle Lasten der Welt auf mir liegen zu haben, die zu schwer für mich sind. Zumindest habe ich den Eindruck, dass große Pflichten auf mir lasten, die meinen persönlichen Bedürfnissen vollkommen entgegengesetzt sind. Ich verpasse es dann jeweils, die Belastungen als Probe bzw. Prüfung zu erkennen und anzunehmen. Schließlich bin ich der Prüfer, der die Konzentration versinnbildlicht und damit ausdrücken will, dass eine Beschränkung Kraftquelle sein kann. Es ist nicht einfach, eine Beschränkung hinzunehmen, zu akzeptieren und zu leben, wenn sich meine Energie – die in Verbindung mit dem Schicksal und der Zeit steht – so losgelöst zeigt.

Bei anderen unaspektierten Saturn-Kollegen besteht ein enorm starkes Bedürfnis nach Strukturen. Aber bevor sie diesen Teil ihres Lebens erkennen, bringen sie ihren Strukturfetischismus krass und unreflektiert zum Ausdruck. Zweifellos erarbeiten sie sich so ihre für sie selbst wichtige Qualität der Strukturgebung, was kaum jemand besser kann.«

Kontrolle, Grenzen, Ordnung

»Ich verspüre keine Motivation, die direkte, bewusste Kontrolle über andere Wesensanteile zu erlangen. Dafür verspüre ich den Drang, die Angelegenheiten im Lebensbereich meines Hauses zu kontrollieren und zu handhaben, ohne mich ablenken zu lassen.

Selbstdisziplin, Organisation meiner Bedürfnisse und Selbsterhaltungstrieb fehlen bei mir manchmal gänzlich. Einmal bin ich die Vorsicht und Selbstbeherrschung in Person, dann wieder fehlt mir beides völlig. Rigidität und Verfestigung sind bei mir wenig problematisch, aber dafür bin ich zu empfänglich für viele, zufällige Einflüsse, da mir die Fähigkeit fehlt, Grenzen zu setzen und Kontrolle auszuüben. Die Versuche, mein Leben zu ordnen, sind unbeständig, und mein Gewissen spielt dabei kaum eine Rolle.

Nach außen mache ich vielleicht den Eindruck, ein ruhiger und respektabler Staatsbürger zu sein, der die Gesetze schätzt und achtet. Innerlich neige ich dazu, mich größtenteils durchs Leben treiben zu lassen; ich stelle keine festen Lebensrichtlinien auf oder halte mich nur an wenige, innere Gesetze (egal wie erfolgreich und vollkommen ich nach außen hin erscheine). Ich zeige auch einen Mangel an Selbstdisziplin.«

Geduld, Planung

»Geduld und langfristige Planungen gehören nicht zu meinen Stärken; eine Zeitplanung fehlt im Allgemeinen völlig. Oft spüre ich meine Schwierigkeiten, mit dem Alltag zurechtzukommen und mir schrittweise Gedanken über die Zukunft zu machen. Als Resultat davon werde ich manchmal krank, spüre meine Knochen, meine Knie oder leide unter Verspannungen.«

Unbeugsam, Unnahbar, Selbstbeherrschung

»Ich kann sehr kühl, hart und unbeugsam wirken, auch unnahbar und unergründlich. Wenn ich ein Problem habe, und mir jemand einen Rat gibt, höre ich zwar bereitwillig zu und nehme diesen Rat auch dankend an. Vielleicht befolge ich ihn, habe aber eher die Tendenz, ihn in den Wind zu schlagen und mir in aller Unschuld selbst ein Bein zu stellen. Die Erfahrungen anderer Leute helfen mir nicht weiter, ich muss die Gesetze des Lebens selber am eigenen Körper erfahren. Viele Menschen haben das Gefühl, mich nicht ergründen und begreifen zu können, sie verstehen meine innere Struktur nicht. Aber dieses

Gefühl habe ich auch von mir selbst. Manchmal habe ich ein starkes Bedürfnis, meine Selbstbeherrschung bis zum Exzess zu steigern und hart gegen mich selbst und andere zu sein. Aber meine Maske der Starrheit, Unbeugsamkeit und Willenskraft kann hin und wieder fallen und Schüben großer Unbeherrschtheit weichen, nach denen ich alle Hände voll zu tun habe, um die Trümmer zu beseitigen, alles wieder zu strukturieren und unter Kontrolle zu bekommen.

Meine abgehängten Saturnkollegen schöpfen viel Kraft und Klarheit daraus, dass sie ihr eigener Maßstab für das Leben sind. Wie alte Weise kümmern sie sich nicht um gesellschaftliche Normen, hören nicht auf Stimmen, die ihnen sagen, wie und was »man« tun sollte, sondern ziehen sich im Extremfall zurück, um ihr eigenes Leben leben zu können.«

Beispiel für einen unaspektierten Saturn im Skorpion im 3. Haus

»Ich bin oft etwas langsam und begriffsstutzig im Gespräch, beim Lesen und Lernen und hege starke Zweifel an meinen intellektuellen Fähigkeiten und meiner sprachlichen Gewandtheit. Das ist umso schwerwiegender, da für mich gilt »Wissen ist Macht«. Je mehr ich weiß, desto größer ist mein Selbstwert. Wenn es um Wissen oder Sprache geht, will ich erst alles gründlich untersuchen, bevor ich eine Schlussfolgerung hören lasse. Ich bin ein ernsthafter Forscher, Schwierigkeiten treten jedoch beim Reden auf. Oft fühle ich mich gelähmt und sprachlos, wenn ich reden sollte. Zu anderen Zeiten rede ich viel, aber selten über das, was mich wirklich bewegt. Was ich sage, ist jedoch gut durchdacht und gründlich fundiert. Wenn ich Texte verfasse, sind diese entweder so geschrieben, dass nur Fachleute sie verstehen, oder aber so, dass sie zu viele unstrukturierte Informationen enthalten, was die Übersicht schwierig macht. Ich habe meine persönliche Art und Weise, mir Wissen anzueignen und damit umzugehen. Dafür muss ich mir einfach die nötige Zeit

einräumen, die ich brauche. Ich muss mich auf das konzentrieren, was für mich wissenswert ist, damit ich mich nicht zersplittere und meine Gedanken in verschiedenen Flüssen untergehen. Ich strenge mich auch an, die Einsicht anzuwenden, dass es für mich nicht darum geht, wer mehr weiß, sondern darum, Informationen umsetzen zu können, in eine Form zu bringen und etwas zu realisieren.

Kontakte zu schließen, macht mir Probleme, deshalb nehme ich eine etwas kühle und distanzierte Haltung ein. Ich akzeptiere eine gewisse Isoliertheit in meinem Leben, strebe aber auch nach Wahrheit, indem ich Erfahrungen teile, vergleiche und hinterfrage. Mein Denken orientiert sich mehr oder weniger intensiv am Bestehenden und ist damit recht konventionell. Bewegtes, Lebendiges und Neues macht mir Angst.

Ich fürchte mich auch davor, mich ausgeliefert zu fühlen und lebe entweder enthaltsam oder promiskuitiv, um mich vor intensiven Gefühlen zu schützen. Mich seelisch einzulassen, fällt mir schwer. Begrenzende Erfahrungen habe ich bereits in meiner Kindheit gemacht, wo ich von anderen dominiert wurde. Diese Verletztheit und Erfahrungen hole ich zur Verarbeitung tief nach innen und lasse sie manchmal erst spät im Leben wieder heraus. Bis dahin errichte ich eine Mauer um mich herum, um mich vor Verunsicherungen auf emotionalem Gebiet und vor problematischen Erfahrungen zu schützen. Auf diese Weise gelingt es mir meistens, Probleme auszublenden. Um nicht zu vereinsamen, habe ich mir Schritt für Schritt beigebracht, nicht mehr vor meinem tiefen Gefühlsleben zu flüchten, sondern dieses mit Menschen meines Vertrauens zu teilen.

In der Sexualität erfahre ich meine eigenen Grenzen sowie das intensive Aufgehen in jemand anderem. Sexualität scheint mir auch die Antwort auf die Frage nach meiner eigenen Identität zu geben. Gefühle und Beziehungen sind deshalb auch mein wunder Punkt. Ich schwanke hin und her zwischen einem keuschen Leben mit vollständigem Verzicht auf Sexualität und dem Don Juan, der jede Nacht eine neue Eroberung macht. Tief in-

nen jedoch spüre ich, dass beides Fluchtformen bzw. Überkompensationen meiner tief verwurzelten Unsicherheit und Verletzlichkeit sind. Meinem Gefühlsleben Gestalt und Struktur zu geben, ist zu einer meiner Lebensaufgaben geworden. Auf diesem Weg muss ich zunächst einen harten Kampf in mir selbst ausfechten.«

Bekannte Personen mit einem nicht aspektierten Saturn

Mein Lieblingsbeispiel ist der Schweizer Kabarettist Emil Steinberger mit einem unaspektierten Saturn im Wassermann im 5. Haus.

- Giuseppe Fürst Tomasi di Lampedusa (Schriftsteller), abgehängte Saturn-Uranus-Konjunktion, 10. Haus, Skorpion
- Carl Zuckmayer (Schriftsteller), abgehängte Saturn-Uranus-Konjunktion, 4. Haus, Skorpion (Huber-Orben)
- Hans-Dietrich Genscher (Politiker), 5. Haus, Schütze
- Jimmy Carter (ehemaliger amerikanischer Präsident), 1. Haus, Skorpion
- George W. Bush junior (amerikanischer Präsident), 12. Haus, Krebs
- Wolfgang Schüssel (österreichischer Bundeskanzler), abgehängte Saturn-Mondknoten-Konjunktion, 6. Haus, Krebs
- Olivier Massiaen (Komponist), 7. Haus, Widder
- Vincent van Gogh (Maler), 10. Haus, Stier
- Steffi Graf (Sportlerin, Tennis), 11. Haus, Stier
- Liz Greene (Astrologin), 9. Haus, Löwe (Huber-Orben)

Unaspektierte geistige Planeten

Geistige Planeten haben ein enormes Energiepotential. Sie werden deshalb selten rein zum Ausdruck gebracht, sondern durch Aspektkontakte in ihrer Energie gebremst, damit sie in die Persönlichkeit integriert und angewendet werden können. Die Qualitäten der geistigen Planeten sind für einen Menschen nur schwer direkt zugänglich, da sie in einem starken Bezug zum Kollektiv stehen und uns daher mit Themen in Kontakt bringen, die nicht vom Einzelnen, sondern der Familie, Gruppe oder Gesellschaft her stammen.

Viele Menschen erleben die Themen dieser abgehängten Planeten im frühen Lebensalter als schwierig oder negativ und ziehen es deshalb vor, sie zu projizieren, also dem Schicksal oder der Umwelt zuzuschreiben. Bei unaspektierten geistigen Planeten fehlen die Ausdruckskanäle und Lernprozesse, welche den aspektierten Planeten zur Verfügung stehen. Da die entsprechenden Energien und Kräfte keinen direkten Ausdruck finden, werden sie nur schwer als eigene Qualitäten erlebt, sondern eher als eine Art Schattenthematik wahrgenommen. Die Entsprechungen der Planeten werden dann meist in der Projektion erfahren und üben gleichzeitig eine geheimnisvolle Faszination aus.

Die Inhalte transsaturnischer Planeten entziehen sich schon unter »normalen Umständen« unserem bewussten Zugriff. Dies ist bei Unaspektiertheit in sehr viel höherem Maße der Fall, da durch die Isolation die aktive, bewusste und gesteuerte Einflussnahme auf die Planeten erschwert wird.

Umgekehrt kann ein Mensch mit einem nicht eingebundenen geistigen Planeten durch seine Individualität und Talente (ausgedrückt durch sein Gesamthoroskop) der Gesellschaft viel geben. Das Thema seines Beitrages ist dabei eng beschränkt auf die Hausthematik, und die Art seines Einbringens ist stark gekoppelt mit der jeweiligen Planetenenergie. Uranus wird immer etwas Ungemütliches und Visionäres zeigen, Neptun etwas Allumfassendes oder nicht auf den ersten Blick Fassbares, während Pluto seine Anliegen machtvoll bis zwanghaft vertreten wird. So kann es geschehen, dass der Mensch zwar seiner Umwelt etwas zu geben oder zu zeigen hat, er aber mit dem Thema an sich oder der Art und Weise, wie er es vertritt, in der Außenwelt auf Befremdung oder Widerstand stößt.

Allgemein können bei einem losgelösten Transsaturnier folgende Ausprägungen auftreten:

→ Erscheint in seiner extremen Äußerung (vermehrt noch als bei Planeten bis Saturn) mit gesteigerter und verstärkter Aktivität.
→ Fast ausschließlich unbewusstes Wirken, gekennzeichnet durch gelegentliche kurze Ausbrüche oder eine unvorhersagbare und ungewöhnliche Verhaltensweise zur »Entladung« unbewusster Energien.
→ Geringe Eigenwahrnehmung des Horoskopeigners, da sie im eigenen Charakter völlig verborgen bleibt, z.B. durch Unterdrückung oder Projektion auf Situationen und andere Menschen.
→ Wenn die Planetenenergie durch Lebensumstände oder eine hohe Bewusstseinsstufe des Horoskopeigners einen Wirkungsraum erhält, kann sie auf eine besondere Fähigkeit hinweisen, die weit über den üblichen menschlichen Ausdruck hinausgeht – beinahe so, als wäre der Mensch an eine unbegrenzte, kosmische Energiequelle angeschlossen.
→ Der isolierte Transsaturnier kann auch bei Krankheiten oder psychischen Problemen mit in die Betrachtung einbezogen werden, da er durchaus zu einer Überforderung des menschlichen Organismus beigetragen haben könnte.

Der unaspektierte Uranus

Ich habe bereits erwähnt, dass das generelle Verhalten eines unaspektierten Planeten der Natur des Uranus nicht unähnlich ist. Die Richtung, in der sich ein aspektloser Planet auswirkt, kann ungewiss, sporadisch und unregelmäßig sein, wie es auch von Uranus zu erwarten ist, selbst wenn er aspektiert ist. Entsprechend ausgeprägt ist sein Ausdruck zu erwarten. Damit kann der abgehängte Uranus als Prototyp eines nicht eingebundenen Planeten bezeichnet werden.

Unabhängigkeit

»Ich bin unabhängig von äußeren und gesellschaftlichen Einflüssen. Ich verspüre weniger den Drang, Durchbrüche in der äußeren Umwelt in der offenen, rebellischen Weise meiner stark aspektierten Uranus-Geschwister herbeizuführen. Wenn es sich um eines meiner Häuserthemen handelt, kann es aber auch ganz gegenteilig sein. Mein Drang, in diesen Bereichen Formen zu durchbrechen und Grenzen zu überschreiten, äußert sich – wenn er sich äußert – in extremem Maße, was zu Rebellion, Provokation, Widerspenstigkeit, Opposition und einer Vorliebe für alles führen kann, was als ungewöhnlich, alternativ oder in sonstiger Weise unüblich gilt. In solchen Situationen führt mein Verhalten jedoch selten zum Ziel, weil es den Umständen nicht angepasst ist oder meine Umwelt überstrapaziert und diese nichts annehmen kann, wenn ich mich so verhalte. Dann kann es auch vorkommen, dass ich »das Kinde mit dem Bade ausschütte« und über das Ziel hinausschieße, womit ich mir keinen Dienst erweise.«

Energiehaushalt

»Da ich durch meine Losgelöstheit keine ausreichenden Möglichkeiten habe, meine Energie regelmäßig zu kanalisieren, kann sich bei mir eine nervöse Spannung anstauen und verstärken. Wenn dann der Staudamm bricht, erlebe ich kurzfristige Energieausbrüche und manchmal entstehen dann – von außen gesehen scheinbar grundlos – Augenblicke oder Phasen völliger Ruhelosigkeit und Unzufriedenheit. Oft spüre ich auch eine große Rastlosigkeit, ein fast zwanghaftes Bedürfnis nach Unabhängigkeit und einen großen, in Schüben auftretenden Einfallsreichtum.

Ich bin oft sehr unruhig. Lange stillsitzen kann ich nicht. Schwierigkeiten und Spannungssituationen werden verzögert abgebaut und machen mich sehr nervös und launenhaft. Wenn ich zu sehr eingeengt werde, kann ich meine Neigung zum Ausbrechen in extremer Weise manifestieren. Ich will um jeden Preis frei sein, sonst rebelliere ich! Wenn man mir jedoch innerhalb vernünftiger Grenzen meine Freiheit lässt, blühe ich auf, und man kann die ungewöhnlichsten Dinge von mir erwarten. Ich bereite meinen Mitmenschen oft Überraschungen, manchmal angenehme, manchmal unangenehme.«

Wachstum und Beitrag zur Entwicklung des Menschen

»Mein Potential, die Lebensumstände durcheinander zu bringen oder abrupte Wendungen in den äußeren Angelegenheiten herbeizuführen, ist recht eingeschränkt beziehungsweise auf Angelegenheiten reduziert, die von meiner Hausposition angezeigt werden. So störe ich andere Lebensbereiche nicht, es sei denn, mein Hausthema durchzieht sie alle!

Eigentlich sollte ich ja dazu beitragen, das menschliche Wachstum durch sinnvolle Unordnung zu beschleunigen. Da ich mich zu wenig bzw. zu unregelmäßig einbringen kann, geschieht das Wachstum schubweise, unterbrochen durch Phasen der Verzögerung, was dann von mir und auch von der Außenwelt als scheinbarer Stillstand wahrgenommen wird. Ohne meine elektrisierende Anregung verspürt die Gesamtpersönlichkeit wenig Drang, starre und hemmende Verhaltensmuster aufzulösen. Deshalb entstehen Fortschritte in meinem Leben auf eine andere Art als üblich: oft scheinbar langsam, dann aber wieder sprunghaft einen großen Schritt vorwärts!«

Ideen und Einfälle

»Ich habe einen guten Kameraden – ebenfalls einen unaspektierten Uranus –, der im 3. Haus steht. Er zeigte in seiner Schulzeit Züge extremer Aufsässigkeit, weil er unterfordert war und ihm die heute vorherrschenden Schul- und Lernsysteme überhaupt nicht entsprochen haben. Seine rebellische und aggressive Einstellung legte er jedoch ab, als er lernte, vollständig Gebrauch von seinen uranischen Gaben zu machen und ihnen einen Platz im Leben einräumte. In der Schule wurde mein Kamerad sogar für dumm gehalten, stellen Sie sich das einmal vor! Dafür sind bei ihm genau wie bei mir die Ursprünglichkeit und vor allem der Einfallsreichtum stark ausgeprägt. Häufig habe ich blitzartige Wahrnehmungen neuer Möglichkeiten. Geniale Einfälle oder Intuitionsblitze tauchen vor allem in meinem Hausbereich auf und dort halte ich mich auch für ziemlich einmalig und unübertroffen! Dabei ist bemerkenswert, dass ich technische Probleme oft in einer ganz ungewöhnlichen und unkonventionellen Weise löse, die häufig besser und schneller ist als alle üblichen Verfahren. Ich habe oft Einfälle und Ideen, auf die niemand sonst gekommen wäre. Sie sind übrigens durchaus nicht immer unrealistisch oder unpraktikabel, denn im Gegensatz zu anderen Planeten geht es bei mir nur um die Sache, ich lasse mich nicht von anderen Personen beeinflussen und nehme keine Rücksicht auf politische Rahmenbedingungen. Schließlich sehe ich es nicht als meine Aufgabe an, mich beliebt zu machen! Leider bekommen meine Gaben und meine einzigartige Individualität weniger Aufmerksamkeit und Anerkennung als die meiner aspektierten Geschwister. Meine Intuitionskraft wird halt von keiner anderen Teilpersönlichkeit an die Hand genommen, damit auch etwas daraus wird.

Meine Wahrnehmungen grenzen oft an das Paranormale; andere können sich nicht erklären, wie ich zu bestimmten Einsichten gelange. Ich sage dann einfach, wie es ist, nämlich, dass ich es »einfach immer schon wusste« oder »plötzlich sah«. Solche paranormalen Schübe sind bei mir recht häufig und beunruhigen mich in keiner Weise.«

Erneuerung

»Noch lieber als meine aspektierten Geschwister breche ich gerne mit alten Werten, um neue an ihre Stelle zu setzen. So bin ich ausgeprägt unkonventionell und ein glühender Vordenker für die gesellschaftliche Erneuerung. Ich hänge stets modernen Auffassungen an und beanspruche extreme Individualität für mich. Die Freiheit und die Entwicklungsmöglichkeiten, auf die ich selbst nicht verzichten will, gönne ich aber auch anderen.

Meine Umwelt sollte nicht überrascht sein, wenn ich hin und wieder plötzliche Kurswechsel vollziehe, auch in beruflichen Dingen. Ich habe ein großes Bedürfnis nach Neuem, nach Abwechslung und Veränderung. Auch wenn ich unruhig und angespannt wirke, fühle ich mich doch sehr wohl mit meinem abwechslungsreichen Leben.«

Beispiel für einen unaspektierten Uranus im 9. Haus

»Da ich unaspektiert bin, nimmt die Gesamtpersönlichkeit, wenn sie mich überhaupt zur Kenntnis nimmt, ausschließlich mich wahr. Die anderen Teilpersönlichkeiten sind dann alle nicht mehr hörbar. Die Gesamtpersönlichkeit wird erfüllt von meiner Idee, meiner Vision, meiner Erkenntnis. Ihr ganzes Wesen ist von meinem uranischen Thema umgeben, nichts anderes hat mehr Platz, sie taucht vollständig ein in meine Welt. Ich bin dann sie und sie ist ich. Ees gibt keinen Unterschied mehr zwischen uns beiden und auch nichts darüber hinaus mehr. Manchmal bin ich mir aber auch nicht mehr sicher, ob ich diese Realität wirklich erlebe oder einfach nur in meinem Kopf konstruiere.

Während dieser Zeit fühle ich mich sehr wohl, manchmal auch etwas einsam, wenn ich realisiere, dass ich eigentlich ein Außenstehender bin und mich niemand versteht. Dann fühle ich mich unerreichbar für andere.

Natürlich beschäftigt mich der Sinn des Lebens und Themen wie Glaube und Religion. Aber darüber rede ich von meiner Seite aus selten. Es ist doch eigentlich einfach, so klar, wie das funktioniert und zusammenhängt, oder? Woher ich das weiß? Das wusste ich schon immer, da musste ich nichts lernen. Natürlich habe ich auch meine Erfahrungen gemacht, vor allem schlechte. Jedes Mal, wenn ich mich mit einer religiösen Idee oder Richtung konfrontiert sah, spürte ich, in welchem Bereich sie nicht konsistent war. Ich konnte auf den ersten Blick sagen, was die Anhänger falsch machten. Ich habe ein intuitives Wissen um die Stimmigkeit und die Fruchtbarkeit einer Glaubensrichtung. Wie gesagt, viel darüber reden bringt eigentlich nichts, das hat man im Gefühl, man muss es einfach leben. Es ist simpel. Alles Gerede, alle Konzepte machen es komplizierter.

Und dann die Leute, die meinen, erleuchteter oder weiter zu sein als andere. Das bringt mich wirklich in Rage! Dann kann ich laut und bestimmt werden und ihnen schonungslos sagen, was sie nicht hören wollen. Dass sie sich für etwas besseres halten (wo doch alle Menschen gleich sind), und genau das ja im Widerspruch steht zu ihrer »All-Liebe« und dem Wissen, dass, wenn doch alles göttlich ist, es keinen wertenden Unterschied zwischen den einzelnen Menschen bzw. ihrem Weg geben kann. Deshalb werde ich mich auch nie einer religiösen Richtung anschließen. Ich bleibe lieber für mich und lebe meine Religiosität auf meine Weise. Ich weiß, um was es mir geht. Also lasst mich in Ruhe! Wie schön wäre doch die Welt, wenn die anderen auch so tolerant leben könnten wie ich und sich nicht gegenseitig ihren Glauben aufzwingen würden.«

Bekannte Personen mit einem nicht aspektierten Uranus

Mein Lieblingsbeispiel ist der schwarze Geistliche Martin Luther King mit einem unaspektierten Uranus im 11. Haus.

- Michael Ende (Schriftsteller), 11. Haus
- Max Frisch (Schriftsteller und Maler), 11. Haus
- Yves Klein (Maler und Theoretiker), 11. Haus
- Roger Moore (Schauspieler), 5. Haus
- Grace Kelly (Schauspielerin), 6. Haus
- Elizabeth Taylor (Schauspielerin), 7. Haus (Huber-Orben)
- Isabelle Huppert (Schauspielerin), 8. Haus
- Hermann Prey (Sänger), 3. Haus

- Tina Turner (Sängerin), 10. Haus
- Madeleine Albright (Politikerin, ehemalige Außenministerin der USA)
- Anne Frank (»Tagebuch der Anne Frank«), 10. Haus (Huber-Orben)

Der unaspektierte Neptun
Traumhaftes, Mystisches, Unerklärbares, Geschehenlassen

»Mir fällt es oft schwer, mit dem nicht Erklärbaren, Traumhaften, Mystischen oder mit der Dimension des Geschehenlassens umzugehen. Dennoch haben alle diese Themen eine besondere Bedeutung für mich, denn von ihnen geht eine große Anziehung aus. Dies führt zu einer intensiven Auseinandersetzung mit diesen Themen, die auch Menschen mit starker Neptunbetonung kennen. Allerdings bereitet es mir mehr Mühe, diese Dimensionen in mein alltägliches Leben einzugliedern, so dass die Beschäftigung mit Bildern, Visionen oder Ahnungen bei mir fast zwanghaft sein kann oder sich ein enormes Bedürfnis zeigt, dem leidenden Mitmenschen zu helfen.

Mein Wunsch nach klaren Strukturen steht einer Schattenthematik gegenüber, die gegen alles, was nicht zu beweisen ist oder nicht rationalisiert werden kann, kämpft. In diesem Fall erlebe ich mich vor allem in der Projektion, indem ich immer wieder mit unklaren Situationen, Intrigen oder chaotischen Umständen konfrontiert werde und oft mit übersensiblen, vielleicht auch hilfsbedürftigen Menschen zu tun habe.«

Rückzug, Passivität, Illusionen

»Von Natur aus neige ich zu Introvertiertheit, Verschlossenheit und dazu, mich in mich selbst zurückzuziehen. Ich halte mich lieber in den inneren Welten meines Bewusstseins auf. Mich konkret und solide zu manifestieren fällt mir schwer. Aspekte würden mich dazu zwingen, mich durch äußere Erfahrungen zu definieren; ich wäre gezwungen, aus meinem Versteck herauszukommen. Unaspektiert stelle ich einen höchst passiven Zustand dieses jenseitig orientierten Planeten dar. Ohne Aspektreize fühle ich mich ermutigt, für mich selbst nach endgültigen, emotionellen Idealen zu suchen, anstatt sie in meiner Umwelt zu leben. Ich finde inneren Trost und Ruhe im Erschaffen von wunderschönen Vorstellungen im Bereich meiner fruchtbaren, aber unentwickelten Phantasie. Wenn ich sehr aktiv bin, neige ich dazu, in einer selbsttäuschenden Weise zu handeln. Meine Illusionen zeigen sich dann in Form von Themen meiner Hausposition.«

Phantasie

»Ich habe eine üppige Phantasie, eine reiche Traumwelt und einen großen Reichtum an inneren Bildern. Dabei vermischt sich die Wirklichkeit in subtiler Weise mit meiner Phantasie. Dies ist zwar hilfreich beim Romane schreiben, aber im Alltag ist es hinderlich. Meine Phantasie ist sehr mächtig und intensiv, da diese Begabung nicht durch eine aktive Betätigung in der Umwelt unterstützt werden muss. Ich bin auch sehr kreativ und habe eine starke Intuition. Aber meine Vorstellungskraft, Phantasie, Offenbarung und inspirierte Vision haben nur wenig greifbare Ausdrucksmöglichkeiten. Meine Träume erscheinen mir oft ziemlich unerreichbar. Dies ist aber nicht immer so. Manchmal erwecke ich nur den Eindruck, in einer Traumwelt zu leben, weiß für mich aber sehr genau, worauf ich im Leben hinsteuere und was ich unbewusst eigentlich will. Meine reiche künstlerische Inspiration (Musik, Tanz, Schauspiel, Malerei) lässt mich zeitweise wie auf Wolken durch das Leben fliegen.

Bei einigen meiner nicht eingebundenen Neptun-Kollegen drückt sich das Thema Phantasie ganz anders aus: Durch das Fehlen von Aspekten fällt es ihnen extrem schwer, den Zugang zu ihrer Phantasie zu finden und diese auch auszudrücken.«

Verfälschung, Auflösung, Ausweichen

»Ich bin fähig, in bestimmten Situationen unbewusst auflösend oder unterminierend zu wirken. Dann stelle ich ohne Absicht Dinge verfälscht dar oder schildere sie in einer bestimmten und eventuell verfremdenden Atmosphäre, verwechsle eigene Traumbilder mit wirklichen Ereignissen oder stifte in sonstiger Weise Verwirrung. Die Gefahr, dass sich die Grenzlinie zwischen Phantasie und Wirklichkeit verwischt, besteht bei mir immer.

Wenn Probleme auftauchen, fällt es mir nicht schwer, mich aus dem Staub zu machen oder mich in Luft aufzulösen. Ist alles vorbei, bin ich plötzlich wieder da. Ich kann mich problematischen Situationen im Leben gut entziehen und weiß, wie ich lästigen Gegebenheiten oder Intrigen ausweiche, selbst wenn ich sie mitverursacht habe.«

Verfeinerung, Perfektionierung, Idealisierung

»Mein Bedürfnis nach Verfeinerung, Perfektionierung und Idealisierung ist neben meinem Drang, Grenzen zu verwischen, sehr ausgeprägt. Meine Äußerungsmöglichkeiten sind weit gefächert, ich kann Betrüger und Schwindler sein oder derjenige, der schöne Vorspiegelungen und falsche Versprechungen macht.«

Spiritualität

»Ich habe ein echtes Interesse an spirituellen und metaphysischen Dingen sowie an Meditation und Yoga. Manchmal spüre ich eine sehr starke paranormale Begabung, die äußerst spirituell ausgerichtet ist. Möglicherweise habe ich sogar die Begabung des Heilens, Hellsehens, Aurasehens oder Hellfühlens. Meine Fähigkeit, Dinge zu erspüren, ist sehr ausgeprägt, auch wenn ich oft nichts damit anfangen kann. Ich bin von dem fasziniert, was ich fühle, erlebe und zu sehen glaube. Eine gewisse Verunsicherung treibt mich an, diese Seite meiner Erlebenswelt in

Worte zu fassen, zu erforschen und in einen Rahmen zu bringen. Manchmal können dabei sehr tiefe Erkenntnisse durchbrechen, aber ebenso gut kann ich zu völlig unsinnigen Anschauungen gelangen.

Auf meinem Gebiet kann ich Großes leisten. Als Musiker interpretiere ich ein Stück so, dass ich das Empfinden der Zuhörer unmittelbar anspreche, und als Magnetiseur spüre ich sofort, wo das Problem liegt. Bei mir schimmern spirituelle Weisheit, ästhetische Ideale und eine wundervolle Inspiration durch. Ich mag schüchtern sein und vielleicht kann ich schlecht reden, besitze jedoch eine faszinierende magnetische Aura, die sehr anziehend auf andere wirkt. Ich kann andere in meinem feinen und dennoch starken Netz einfangen, zu meinem Zwecke benutzen und dann wieder freigeben.

Einige meiner nicht eingebundenen Neptun-Kollegen kämpfen anders mit ihrer Unaspektiertheit. Ohne die Antriebskräfte der anderen Planeten, bleiben ihnen spirituelle Erkenntnisse verborgen. Dies bedeutet, dass sie eine materiellere Weltsicht haben, die frei von Visionen höchster Perfektion und Einheit ist. Ihnen fällt es schwerer, an Wunder zu glauben, und deshalb sind sie kaum dazu in der Lage, Irrationales selbst zu erfahren oder zu erkennen. Dennoch neigen sie weniger zu Verwirrung und Desorientierung in der Welt, als sie manchmal selbst von sich glauben.«

Sucht

»Einige meiner abgehängten Neptun-Kollegen leben in einer Welt von Drogen, ausschweifender Sexualität und übermäßigen Alkoholgenusses. Sie haben einen recht schwachen Charakter und keinen Sinn für Grenzen. Ihr Instinkt ist nicht zielgerichtet, nicht gesteuert, nicht in ihre Person eingebunden und kann sich daher nur schwer in der Außenwelt manifestieren.

Ich habe festgestellt, dass unsere Kindheit schwierig war: Entweder wurden wir mit Liebe förmlich überschüttet, oder es mangelte an emotionaler Anteilnahme und Unterstützung.«

Beispiel für einen unaspektierten Neptun im 9. Haus

»*Ich bin der Mystiker oder der religiöse Spinner, je nachdem, wen Sie fragen. Ich lasse mich von meinen inneren Augen führen, was mich manchmal etwas weltfremd erscheinen lässt. Ich musste lange üben, bevor ich mich davor schützen konnte, durch meine unkritische Haltung das Opfer esoterischer Spinnereien zu werden und mich abhängig von einem Guru zu machen. Meine Idealisierung spiritueller oder religiöser Führer zieht mitunter schwere Enttäuschungen nach sich, wenn Erleuchtung oder Erlösung wieder einmal unerreichbar bleiben. Wenn ich religiöse Lehren nicht durch eigene Erfahrungen und Werte relativiere, kann ich auch eine gefährliche Leichtgläubigkeit an den Tag legen. Meine Herausforderung besteht darin, zwischen dem göttlichen Urquell und dem sterblichen Lehrer als dessen angeblichem Sprachrohr unterscheiden zu können und dafür zu sorgen, dass mein eigener Narzissmus nicht insgeheim zu einer Überheblichkeit führt. Doch mein aufrichtiger Glaube an die Güte des Göttlichen gehört zu mir.*

Ich bin Idealist und will die Wirklichkeit schöner machen, als sie ist. Was die praktische und konkrete Ausarbeitung meiner Ideale betrifft, ist es schwieriger; ich bin ein etwas unpraktischer Träumer. Mir reicht es nicht, ins Ausland zu reisen, es kommt mir darauf an, mit Strömungen und Ideen auf dem Gebiet der Religion und Metaphysik in Kontakt zu sein. Dafür habe ich eine starke Neigung und erfahre in den verschiedenen Religionen und Haltungen eine Art universelle Einheit. Ich lasse die Grenzen des eigenen Kulturkreises hinter mir und spreche universelle Themen menschlichen Leids und menschlicher Sehnsucht an.

Erlösung ist mein religiöses bzw. spirituelles Thema. Opfer und Leid, panische Gottesfurcht und die Sehnsucht nach Erlösung machen meine religiöse Ethik aus – ebenso wie spirituelle Exklusivität. Mein Hauptproblem ist meine Neigung, spirituelle und moralische Autorität auf andere zu projizieren, so dass ich zum blinden Anhänger eines Glaubensbekenntnisses werde, das für den Einzelnen geeignet und heilsam sein kann oder auch nicht.

Ich möchte die Welt in ihrer Gesamtheit erfassen, einen Sinn finden, der über mein eigenes kleines Ego weit hinausgeht. Von meiner Vorstellung der Einheit ausgehend kann ich etwas Fanatisches haben. Dann laufe ich Gefahr, mich vom vermeintlichen Gefühl der Einheit überwältigen zu lassen, was ein chaotisches Beurteilungsvermögen zur Folge hat.

Ich habe das Vertrauen, meinen Weg im Dunkeln besser zu finden als im Hellen. Meistens stimmt das auch, aber ab und zu vernichte ich Steuer und Kompass, gehe in die Irre und folge einer Vision, Illusion oder Fata Morgana.«

Bekannte Personen mit einem nicht aspektierten Neptun

Mein Lieblingsbeispiel hierfür ist der Physiker und Mathematiker Albert Einstein mit einem unaspektierten Neptun im 11. Haus (Huber-Orben).

- Liz Greene (Astrologin), 11. Haus (Huber-Orben)
- Rajiv Gandhi (früherer Ministerpräsident Indiens), 1. Haus
- Roman Herzog (Politiker), 4. Haus
- Olivia Newton-John (Sängerin und Schauspielerin), 1. Haus
- Orson Welles (Schauspieler, Regisseur), 2. Haus
- Heinz Rühmann (Schauspieler), 7. Haus
- Catherine Deneuve (Schauspielerin), 9. Haus (Huber-Orben)
- Johannes Kepler (Theologe, Mathematiker, Astrologe), 1. Haus (am AC, Huber-Orben)
- Günter Grass (Schriftsteller), 10. Haus
- Theophrastus Paracelsus (Mediziner, Astrologe), 12. Haus (spekulatives Datum)
- Max Schmeling (Boxer), 8. Haus
- Mike Tyson (Boxer), 2. Haus (Huber-Orben)

Der unaspektierte Pluto
Energie, Tod, Intensität

»Meine gewaltige Energie, die sowohl erneuernd als auch zerstörerisch wirken kann, findet keinen direkten Ausdruckskanal. Daher suche ich mir Menschen und Situationen, die eine Affinität zu meiner Energie aufweisen. Ich finde mich immer in Situationen wieder oder treffe mit Menschen zusammen, die im weitesten Sinne mit den Themen Macht, Geburt, Tod, Sexualität bzw. der Umwandlung von Materie in Energie und umgekehrt zu tun haben. Mir stellt sich die wichtige Aufgabe, diesen Schatten, der mein Verhalten unbewusst maßgeblich prägt, zu integrieren und seine Qualitäten nutzen zu lernen. Dazu muss ich die Bereitschaft aufbringen, mich selbst und mein Umfeld klar wahrzunehmen und den Grundsatz »wie außen - so innen« anzuerkennen.

In einer negativen Manifestation kann ich Gewalt, Eruptionen, Aggressivität oder sogar den Tod herbeiführen. In meinem Verborgenen wirken dann unterdrückte Wut oder verdrängte Emotionen. Ich genieße es, andere zu beherrschen und zu kontrollieren.

Positiv empfinde ich meine enorme Charakterfestigkeit, meine emotionale Intensität und Hartnäckigkeit im Verfolgen der Ziele. Ich regiere über den Lebensprozess in seiner Gesamtheit – über die Geburt, den Tod und die Wiedergeburt. Ich herrsche auch über die tieferen Aspekte der Sexualität. So lebe ich intensive Sexualität und bin bereit, dort Tabus zu durchbrechen und die sexuelle Energie in meiner Beziehung zum Faktor zu machen, der sie zusammenhält oder an dem sie zerbricht.«

Hintergründiges, Macht, Opfer

»Ich habe eine besondere Faszination für alles Hintergründige, für das Aufdecken von Verborgenem sowie für Fragen von Macht, deren Missbrauch und der Suche nach Gerechtigkeit.

Gleichzeitig habe ich jedoch Mühe, meine eigene Macht (positiv oder negativ gesehen) wahrzunehmen und sie auch zu nutzen. Dies führt dazu, dass ich mich oft irgendeiner Macht ausgeliefert fühle. Gleichzeitig habe ich aber auch eine Ahnung von meiner eigenen Aggressions- und Zerstörungskraft, die ich möglichst kontrollieren will. Meine reine, ungezügelte Pluto-Energie ist so enorm, dass sie mich in Gefahr bringen kann, wenn ich selbst Macht erlange, oder, indem ich Gewalt anziehe und dadurch selbst zum Opfer werde.

Es kann sein, dass ich nicht versuche, Macht über andere zu erlangen, zumindest nicht in der dominanten, überwältigenden Weise meiner stark aspektierten Pluto-Brüder. Sollte dies aber trotzdem sein, erkenne ich derartige Machtspiele schlecht und analysiere sie nicht objektiv. Ich muss mich von Zeit zu Zeit einer aufrichtigen Selbstprüfung unterziehen, besonders bei Aktivitäten, die durch meine Hausposition angezeigt werden.«

Zwang

»Ich unterliege plötzlichen zwanghaften Anwandlungen und Neigungen, die ich nur schwer kontrollieren kann. Zeitweise erkenne ich bei mir Merkmale wie Besessenheit oder übermäßige Aggressivität. In mir wirken unterschwellige Kräfte, die völlig abgespalten von anderen Persönlichkeitsanteilen sind. Diese verborgenen Kräfte besitzen enorme Macht, egal wie schwer es für mich ist, sie an die Oberfläche des Bewusstseins zu bringen. Manchmal habe ich Ausbrüche von zwingenden und fast überwältigenden Triebkräften, die selbst mir ziemlich befremdlich erscheinen im Vergleich zu meiner normalen, bewussten Selbstwahrnehmung. Ich brauche Aspekte, die meine Macht und Intensität reduzieren und mir die Möglichkeit geben, mir bewusst zu werden, was meine tiefsten und dunkelsten Triebe sind. Aspekte würden mir helfen, meine notwendigen inneren Kämpfe besser durchzustehen. Ohne Aspekte erhalte ich wenig Gelegenheit, mich in meinem Leben mit meiner dunkleren Seite zu konfrontieren und sie zu integrieren, egal wie sehr mich diese Anteile auch beunruhigen mögen. Denn eigentlich spüre ich das Bedürfnis, genau hinzuschauen und zu beleuchten, was ich als »dunkel« verdränge, damit ich diese Seiten schätzen lernen kann.«

Macht, Willen

»Ich habe einen Drang nach Macht, dem ich unmissverständlich und doch oft in einer ganz subtilen Weise fröne. Dabei lasse ich stets ein gewisses Maß an Manipulationen walten, was mir nicht direkt nachzuweisen ist, von meiner Umgebung aber doch deutlich wahrgenommen wird. Ich kann meinen Willen durchsetzen, ohne dass man mich als herrisch bezeichnen könnte.«

Verborgenes, Unbewusstes, Prozesse

»Ich fördere verdrängte, verborgene Inhalte und unbewusstes Material an die Oberfläche, ohne jedoch damit etwas anfangen zu können. Ich bin ja nicht mit anderen psychischen Inhalten verbunden und deshalb nur auf Umwegen in der Lage, zu meinen eigenen Problemen vorzudringen. Dadurch bin ich anfällig für Ängste. Ich sehe Dinge, die ich zum Vorschein gebracht habe und suche intensiv nach Mitteln, mit denen ich die Probleme anpacken kann, muss aber feststellen, dass ich über diese nicht verfüge. Andere Planeten müssen auf Umwegen – indem sie mir beispielsweise die Stirn bieten, was sich am Widerstand meiner Umgebung zeigt – diese Aufgabe übernehmen, was einige Zeit dauert. Vorübergehend kann ich Ängste und Phobien fühlen, die manchmal zu Zwangshandlungen und neurotischen Zügen führen.

Andererseits biete ich, weil ich mich so intensiv für alles Verdrängte interessiere, sehr gute Möglichkeiten, die unbewussten Facetten des Lebens zu erkunden. Ich kann anderen, die Ängste haben, oft Ruhe geben und ihnen helfen. Ich weiß selbst nur zu gut, wie es ist, wenn man immer wieder auf Kriegsfuß mit sich selbst steht.

Ich zeige der Gesamtpersönlichkeit ihr tiefstes Inneres. Unaspektiert kommt bei mir früher oder später, ob ich dies will oder nicht, das Unterste zuoberst. Dies kann eine tiefe Erkenntnis mit sich bringen, doch erfordert das auch einen zeitweiligen Balanceakt am Rande des Abgrunds. Ich laufe Gefahr, mein Bewusstsein von unbewussten Inhalten überfluten zu lassen. Wenn ich mich mit solchen Inhalten identifiziere, kann dies zu Machtkomplexen führen (»Ich bin der Beste«) oder Anlass zur »Selbstzerstörung« im nicht wörtlichen Sinne sein.«

Transformation, Schmerz

»Ich bin in der Lage, an bestimmten Punkten in meinem Leben das Ruder so drastisch herumzuwerfen, dass echte Transformationen möglich sind und eintreten. Diese sind allerdings immer begleitet von einem Schock oder plötzlichen intensiven Erfahrungen. Dies irritiert mich jedoch nicht, ich bin es gewöhnt, dass Schmerz und Intensität zum Leben gehören.«

Isolation, Regeneration

»Ich neige dazu, mich zu isolieren und von allem weit zu entfernen. Ich distanziere mich von den normalen Aktivitäten des Lebens und bleibe unbeteiligt. Ich finde nur schwer angemessene Möglichkeiten zur Regeneration. Meine Fähigkeit, meine Lebensgestaltung sinnvoll zu kontrollieren und Selbstbeherrschung zu erlangen, wird wenig auf die Probe gestellt (besonders auf der emotionellen Ebene) und deswegen auch weniger entwickelt. Andere Persönlichkeitsanteile können auf ihren fundamentalen Ebenen nicht von meiner Regeneration profitieren. Ihnen wird wenig Selbsterkenntnis gewährt.«

Beispiel für einen unaspektierten Pluto im 1. Haus

»Manchmal ist mein Aussehen andersartig und für andere befremdend. So kann ich Leder, Reizwäsche, ein finsteres Gesicht oder Übergewicht zur Schau tragen. Ich habe den Wunsch, einen vitalen und selbstbewussten Eindruck zu hinterlassen. Ich habe das gewisse Etwas, womit ich auffalle und die Aufmerksamkeit auf mich ziehe, ohne dass ich dafür aktiv werden muss. Ich bin faszinierend, habe eine magnetische Ausstrahlung und eine intensive und magische Anziehungskraft. Ich bin willensstark, einflussreich und mächtig. Mich umgibt eine undurchschaubare Aura. Wenn ich einen Raum betrete, spüre ich, wie sich die Leute vor mir fürchten oder zumindest in Acht nehmen. Ich lasse mich gerne auf Machtspiele ein und bin interessiert daran, zu erfahren, wer der Stärkere ist, auch wenn dies erst durch einen Machtkonflikt geklärt wird. Ich habe ein gutes Gespür für Strömungen, die ich im Bedürfnis nach Macht benutzen, aber auch missbrauchen kann. Aus Angst vor einer Niederlage oder verlassen zu werden, will ich andere von mir abhängig machen. Beziehungen versuche ich deshalb symbiotisch oder in einem Abhängigkeitsverhältnis zu gestalten.

Ich liege ständig auf der Lauer und bin umgeben von einer aggressiven oder zumindest ablehnenden und sprungbereiten Haltung. Gefühlsäußerungen habe ich unter Kontrolle, wichtige Informationen vertraue ich anderen nicht an. Selbst behalte ich ein Pokerface, alles und jeder andere wird ständig geprüft. Ich observiere die Menschen meiner Umgebung genau, grabe förmlich nach deren Motiven und Triebfedern und will genau wissen, was abläuft. Ich bin schnell beleidigt, ziehe mich dann entweder zurück oder reagiere mit heftiger, einschüchternder Aggression. Mein Bedürfnis nach Anerkennung, Macht und Herrschaft kann sich zeigen in Form von Manipulationen hinter den Kulissen.

Meine Wirkung und mein Einfluss auf meine Umwelt ist groß. Ich bin risikofreudig und handle oft, bevor ich denke. Ich habe *das Gefühl, eine außergewöhnliche Kraft zu besitzen, weiß jedoch nicht, wie ich diese einsetzen kann und soll.*

Ich sollte mich mehr in Selbstkontrolle und Selbstkritik üben, was mir schwer fällt, obwohl ich weiß, welch außerordentlich nutzbringende Dinge ich dann für die Gemeinschaft tun könnte. Schöne Erfahrungen mache ich, wenn ich meine Kraft auf mein eigenes Werden lenke anstatt auf die Manipulation anderer. Lebenslang bin ich einer Metamorphose und einem immer währenden Wachstum unterworfen.«

Bekannte Personen und Ereignisse mit einem nicht aspektierten Pluto

Mein Lieblingsbeispiel ist der Astrologe Claude Weiss mit einem unaspektierten Pluto im 12. Haus.

- Johannes Kepler (Theologe, Mathematiker, Astrologe), 12. Haus (Huber-Orben)
- Salvador Allende (Arzt und Politiker), 5. Haus
- Arthur Koestler (Schriftsteller), 6. Haus (Huber-Orben)
- Oscar Wilde (Schriftsteller), 8./9. Haus
- William Faulkner (Schriftsteller), 12. Haus
- Marie Stopes (Pionierin auf dem Gebiet der Geburtenkontrolle und Bücher zur sexuellen Aufklärung), 9. Haus
- Antoine de Saint-Exupéry (Schriftsteller), 10. Haus
- Juliette Gréco (Chansonnette, Theater- und Filmschauspielerin), 10. Haus
- Jesus Christus, 6. Haus (nach Mertz)
- John F. Kennedy (früherer amerikanischer Präsident), 9. Haus
- Queen Mother (Frau von König Georg VI von England), 9. Haus
- Peter Sutcliffe (»Yorkshire-Ripper«), Haus unbekannt
- Ereignis: Börsencrash 1929, 4. Haus
- Ereignis: Erdbeben in Düzce/Türkei 1999, 6. Haus

- Ereignis: Mord im Vatikan, abgehängtes Pluto (1. Haus)-Mondknoten (10. Haus)-Quadrat
- Ereignis: Sonnenfinsternis August 1999, 10. Haus

Die Integration unaspektierter Planeten

Viele Menschen mit einem unaspektierten Planeten in ihrem Geburtshoroskop unternehmen große Anstrengungen, um die betreffende Energie in ihr Leben zu integrieren. Es gibt aber auch einige Möglichkeiten, die Unruhe eines nicht eingebundenen Planeten zu mildern und ihn etwas aus seiner Isolierung zu befreien. Die Arbeit kann entweder systematisch oder zu bestimmten Zeitpunkten erfolgen. Die Möglichkeiten zu einer solchen »Befreiung« beziehungsweise Integration habe ich in drei Ebenen eingeteilt:

→ Die »Integration auf erster Ebene«
bezieht sich auf die Arbeit an anderen, *direkt sichtbaren* Horoskopfaktoren, die den abgehängten Planeten stärken können.

→ Die »Integration auf zweiter Ebene«
ist eher indirekter oder konstruierter Natur und bezieht sich auf *nicht direkt sichtbare* Horoskopfaktoren.

→ Die »Integration auf dritter Ebene«
bezieht sich auf *andere Menschen, andere Horoskope oder auf Zeitpunkte*.

Ich habe hier bewusst den Ausdruck »Integration« gewählt. Worte wie »Ausweg« oder »Lösung« könnten verschiedene Annahmen implizieren. So z. B. dass ein Problem vorliegt, welches einer Lösung bedarf. Dem stimme ich im Falle von isolierten Planeten in keiner Weise zu. Der Implikation, dass Menschen mit abgehängten Planeten im Geburtshoroskop oft in ihrem Leben auf der Suche nach einem für sie stimmigen Umgang mit dieser Energie sind, kann ich mich jedoch ohne weiteres anschließen. Aufgrund dieser sehr unterschiedlichen möglichen Implikationen werde ich deshalb Ausdrücke wie »Ausweg« oder »Lösung« wenn überhaupt in Anführungszeichen setzen, um damit darauf hinzuweisen, dass bei ihrer Benutzung Vorsicht angebracht ist. Die Suche im eigenen Leben nach den Energien von abgehängten Planeten und dem Zugang zu ihnen verstehe ich als Prozess, bei dem der Weg auch gleich das Ziel ist. Eine vollständige »Auflösung« des Themas wird nie erreicht.

Integration auf erster Ebene
Arbeit mit dem Zeichen

Wenn ein Planet nicht direkt aktiviert werden kann – wie das im Falle von unaspektierten Planeten die Regel ist – bieten sich Umwege an. Ein solcher Umweg ist die Arbeit am Zeichen, in dem der betreffende Planet steht. Bei der Aktivierung des Zeichens besteht die Möglichkeit, dass die Energie auf den sich im Zeichen befindlichen Planeten überspringt. Diesem Zusammenhang liegt folgende Überlegung zugrunde: Nur Planeten können von sich aus agieren; Tierkreiszeichen können diese nicht ersetzen, sondern bilden lediglich den Rahmen für die Aktion des Planeten. Umgekehrt wird die Aktion des Planeten immer die Färbung des Zeichens tragen, in dem er steht. Spricht man nun also ein Zeichen an und setzt dieses »in Schwingung«, so wird sich dieses in der Regel durch den Planeten ausdrücken, den es in sich trägt (oder durch den Herrscher des Zeichens).

Dieses Vorgehen bietet sich natürlich vor allem dann an, wenn der unaspektierte Planet der *einzige* in diesem Zeichen ist. Ansonsten werden alle Planeten im Zeichen aktiviert und der isolierte Planet könnte wieder in der Aktivität seiner aspektierten Geschwister »untergehen« bzw. unwahrgenommen bleiben.

Beispiel: Unaspektierter Mars als einziger Planet in Jungfrau. Eine Arbeit am Zeichen Jungfrau wird auch automatisch den Mars aktivieren.

Die *Arten der Arbeit* an einem Zeichen haben Sie sicher in Ihrer astrologischen Ausbildung gelernt, ansonsten sind sie in der astrologischen Literatur oder auch meiner psychologischen Diplomarbeit nachzulesen[12]. Kurz gefasst kann für die Arbeit an Tierkreiszeichen generell alles eingesetzt werden, was die Zeichenqualität erfahrbar macht (inklusive Kreuz und Temperament): Symbolarbeit, Astrodrama (analog Psychodrama), Naturerfahrungen gemäß der Zeichenqualität, Rituale, Musik, Körperarbeit (unter Einbeziehung der Analogie von Zeichen und Organen/Körperteilen).

Arbeit mit dem Haus

Hier kommt es sehr darauf an, wo der Planet in einem Haus steht. Bereits aspektierte Planeten werden an der Hausspitze viel einfacher von außen (sprich über die Häuser) integriert, während Planeten am Talpunkt eine Aktivierung von innen benötigen.

Die eigentliche Arbeit am Haus des isolierten Planeten bzw. seiner Themen folgt ähnlichen Prinzipien wie die der Arbeit am Zeichen. Ein Planet funktioniert als Werkzeug, um in einem Lebensbereich gezielt agieren oder reagieren zu können. Wird umgekehrt ein Lebensbereich eines Menschen angesprochen, fangen die sich darin befindlichen Planeten an »zu schwingen«. Auch hier ist von Vorteil, wenn der isolierte Planet der *einzige* in diesem Haus ist.

Beispiel: Unaspektierter Saturn als einziger Planet im 9. Haus. Eine Arbeit an den Themen des 9. Hauses, wie z.B. Sinn, Religion, Reisen, wird Saturn automatisch aktivieren.

Auch diese *Art der Arbeit* wurde mannigfach beschrieben. Konkret geht es in der Beratung im Zusammenhang mit der Aktivierung von Häusern bzw. deren Themen darum, den

Menschen in der Auseinandersetzung mit seiner Umwelt zu unterstützen und ihm dabei zu helfen, sich von ihr »abzunabeln«, um mehr Selbstverantwortung zu übernehmen und Freiheit wahrzunehmen. Dieser Prozess kann grob in 5 Schritten beschrieben werden: 1. Erkennen, 2. Akzeptieren, 3. Integrieren, 4. Transformieren, 5. Synthese.

In den Schritten 1-3 geht es darum, die Häuserthemen und die Bedeutung des Milieus sowie dessen Prägung und Konditionierung aufzudecken, die Zusammenhänge und Muster bewusst zu machen, sie zu verändern oder sich sogar von ihnen zu befreien. Besonders ins Auge zu fassen sind hier die entwicklungspsychologischen und sozialen Themen der Häuser, sowie die Sichtweisen und Antworten des Kindes auf deren Themen. Diese Stellungnahmen des Kindes im Rahmen der Entwicklung seines Lebensstils wirken sich auf den Umgang mit den Häuserthemen aus und bestimmen damit auch den Grad an Kompetenz und Autonomie, der dort entwickelt wurde.

In den Schritten 4-5 geht es darum, die Häuserthemen mit Verantwortung für sich und seine Welt wahrzunehmen und auszudrücken. So kann den mit den Häuserthemen verbundenen Aufgaben und Herausforderungen kreativ und schöpferisch begegnet werden.

Arbeit mit »Good-Will-Aspekten« (oder Nebenaspekten)

Oftmals sind bei einem aspektlosen Planeten so genannte »Good-Will-Aspekte« vorhanden. Ein solcher Aspekt bezeichnet die Verbindung zweier Planeten, die knapp außerhalb eines einseitigen Aspektes zu liegen kommt, wenn beispielsweise zwei Planeten für eine Aspektbildung eine Bogenminute zu weit voneinander entfernt stehen. Diese spezielle Art von Aspekten sind im Radix zwar nicht eingezeichnet, lassen sich jedoch durch einen Blick auf die Aspekttabelle schnell finden. »Good-Will-Aspekte« können in einem solchen Fall aufzeigen, zu welchen anderen Planeten der isolierte Planet allenfalls Verbindungen aufbauen könnte oder zumindest sucht und somit von ihnen gefördert werden könnte. »Good-Will-Aspekte« versuchen oft, eine Brücke zum abgehängten Planeten zu schlagen und ihn zu stabilisieren.

Gerade bei älteren Menschen werden durch Lebenserfahrung und Lebensarbeit zum Teil Grade »aufgefüllt«, so dass »Good-Will-Aspekte« im Leben sichtbar und gedeutet werden können.

Beispiel: Unaspektierter Pluto im 1. Haus. Der Blick auf die Aspekttabelle zeigt 2 »Good-Will-Aspekte«: Ein Quadrat zur Sonne und ein Trigon zum Mars.

Art der Arbeit: Vielleicht lassen sich im Beratungsgespräch Situationen im Leben des Klienten erkennen, wo temporär oder situationsbezogen eine Verbindung zu diesen Planeten vorlag. Dann kann daran gearbeitet werden, die damaligen Rahmenbedingungen wieder herzustellen (»Was war damals anders als heute bzw. besonders?«), um einen erneuten Kontakt zu provozieren.

Integration auf zweiter Ebene

»So-tun-als-ob«

Noch einen Schritt weiter als die Arbeit mit »Good-Will-Aspekten« geht die Arbeit mit imaginären Aspekten, ein Ansatz, wie ihn auch Alfred Adler[13] bereits verwendet hat und der gestalttherapeutische Züge annimmt. Bei dieser Arbeit geht es darum, sich Aspekte zu anderen Planeten einfach *vorzustellen* und zu sehen, welchen *Unterschied* das macht. Zu welchen Planeten würde sich der Klient Aspekte wünschen, zu welchen auf keinen Fall? Welche Art von Aspekten würde das sein? Was würde sich dadurch in seiner Wahrnehmung, seinem Ausdruck und seinem Leben verändern?

Arbeit mit dem Zeichen, über das der Planet herrscht

Die Arbeit mit dem Zeichen, über das ein isolierter Planet herrscht, ist bereits etwas konstruiert, kann aber in bestimmten Fällen hilfreich sein. Die Herrscherlehre geht davon aus, dass eine Verbindung besteht zwischen jedem Planeten und einem (oder im Falle von Venus und Merkur auch zwei) Zeichen. Wird das Zeichen aktiviert, fängt infolge der Verbundenheit auch sein Herrscher an »zu schwingen«. Wenn nun beispielsweise nicht direkt am Zeichen, in dem der unaspektierte Planet steht, gearbeitet werden kann – weil es vielleicht eingeschlossen ist (erschwerter Zugang zur Umwelt) oder sich mehrere Planeten in ihm befinden – kann die Arbeit am Zeichen, über das der Planet herrscht, eine indirekte Hilfestellung bringen. Dies funktioniert am besten, wenn sich kein Planet in diesem Zeichen befindet. Diese Arbeit ist jedoch etwas komplizierter, da sich ein Zeichen oft in einem anderen Haus befindet als sein Herrscher, und die Herrscherlehre auch von unterschiedlichen »Aufgaben« ausgeht bezüglich »seines« Zeichens (und dessen Haus) und dem Zeichen und Haus, in denen er tatsächlich steht.

Beispiel: Unaspektierter Jupiter als einziger Planet im 9. Haus. Eine Arbeit am Zeichen Schütze wird indirekt auch Jupiter aktivieren (Jupiter = Herrscher des Zeichens Schütze).

Die *Vorgehensweise* ist analog den im Kapitel »Arbeit mit dem Zeichen« beschriebenen Schritten.

Arbeit mit dem Planeten, der über das Zeichen des unaspektierten Planeten herrscht

Auch diese Variante scheint mir eher konstruiert und umständlich. Dennoch besteht eine Affinität vom abgehängten Planeten zum Herrscher des Zeichens, in dem er steht. Eine Auseinandersetzung mit der Qualität des Herrschers könnte deshalb einen Zugang zum Zeichen des nicht eingebundenen Planeten schaffen. Dies gilt hauptsächlich vor dem Hintergrund einer möglichen Argumentation, dass ein Mensch nur an Planeten, nicht an Zeichen arbeiten könne (wie im Kapitel »Arbeit mit dem Zeichen« vorgeschlagen).

Für die Integrationsarbeit kann auch mit der Vorstellung gearbeitet werden, dass der Herrscher zum abgehängten Planeten einen Aspekt bildet.

Die Rezeption

Eine so genannte Rezeption liegt dann vor, wenn zwei Planeten jeweils in den Häusern des anderen stehen, d.h. der Herrscher des mit dem aspektlosen Planeten besetzten Zeichens steht in einem Zeichen, über das der aspektlose Planet herrscht.

Ein *Beispiel*: Venus steht unaspektiert in den Zwillingen, Merkur mit verschiedenen Aspekten im Stier. Da Merkur im Zeichen der Venus steht und Venus im Zeichen von Merkur sind sie also gegenseitig Zeichenherrscher und bilden damit eine Rezeption.

Eine solche Rezeption verbindet zwei Planeten auf eigene Weise miteinander. Auch wenn sie kein Aspekt ist, schafft sie doch eine indirekte Verbindung. Es liegt zwar keine direkte Wechselwirkung vor; die betreffenden Inhalte können weiterhin unabhängig voneinander wirken. Man könnte jedoch argumentieren, dass die problemlose Funktion des einen Inhalts von der problemlosen Funktion des anderen abhängt und somit beide ihre Wirkungsweise aufeinander abstimmen und sich fortwährend unterstützen. Durch diesen Zusammenhang kann die Wirkung des nicht aspektierten Planeten eng an die Wirkung seines Rezeptionspartners gekoppelt sein (und der Planeten, zu denen dieser einen Aspekt bildet).

Auf diese Weise kann der isolierte Planet eine gewisse Unterstützung und Rückenstärkung bekommen, wodurch er die reinen Merkmale eines unaspektierten Planeten verliert und beim Horoskopeigner z.B. die Empfindung des »Geteiltseins« nicht vorhanden ist. Es hängt natürlich auch von der Art der Rezeptionspartner ab, inwieweit die Rezeption als harmonisch erfahren wird. So ist eine Rezeption zwischen Sonne und Jupiter sicher angenehmer als eine Rezeption zwischen Mond und Saturn, wenn auch in beiden Fällen die Rezeption einen »Ausweg« bietet.

Planetengruppen

Es existieren zahlreiche Schemata – manche unterschiedlich je nach Astrologieschule oder verwendetem psychologischen Hintergrund – nach denen Planeten in Gruppen eingeteilt werden (psychologische, klassische, spirituelle Planetengruppen). Planeten einer Gruppe stehen zueinander in einer wechselseitigen Beziehung und Bedeutung und können somit benutzt werden, um einen abgehängten Planeten mittels eines anderen Planeten derselben Gruppe zu aktivieren.

Zur Illustration seien hier einige Beispiele von Planetengruppen erwähnt:

- Merkur, Jupiter: denken, »Intelligenz«
- Mond, Sonne, Saturn: Führung der Persönlichkeit
- Merkur, Jupiter, Saturn: Wissen
- Mars, Venus: Eros, Sexualität
- Uranus, Neptun, Pluto: Unbewusstes, Transpersonales
- Sonne, Mond: Kopf und Bauch, Individualisierung und Kindheit
- Sonne, Saturn: Vater und Mutter
- Mond, Saturn: Nähe und Distanz
- Mars, Sonne, Pluto: männliche Planeten
- Mond, Pluto: Opfer und Täter

Weitere Möglichkeiten

Eine theoretische »Lösung« wäre ein Aspekt zu einer Hauptachse. In der Praxis bietet dies jedoch keinen echten Ausweg. Eigentlich ist ein solcher Planet ebenfalls nicht aspektiert, denn er kann sich zwar gut äußern (z.B. Konjunktion mit AC), jedoch besteht im Inneren keinerlei Zusammenhang mit den übrigen Planeten. So wird man das Übersteigerte, das für unaspektierte Planeten so typisch ist, bei diesem Planeten zweifellos finden. Eventuell weist er weniger starke Merkmale eines isolierten Planeten auf.

Aspekte auf Punkte wie das galaktische Zentrum oder den Glückspunkt können ebenfalls vernachlässigt werden. Aspekte zum Mondknoten hingegen spielen oft eine wichtige Rolle für den Bezug zur Außenwelt und Berufsfragen – speziell Konjunktionen und Oppositionen.

Darüber hinaus bestehen als Möglichkeiten für eine Integration auf zweiter Ebene:

– das Einbeziehen von Halbsummen
– das Aktivieren von den Planeten entsprechenden Kreuzen und Temperamenten
– das Einbeziehen der »psychologischen Prinzipien« (z.B. »Handlung« entspricht Widder, 1. Haus und Mars)
– das Arbeiten mit den Tierkreisgraden bzw. sabischen Symbolen[14]

Integration auf dritter Ebene

Eine andere Person

Was sehr viel zu einer Überbrückung eines abgehängten Planeten beitragen kann, ist eine andere Person. Wenn der isolierte Planet eines Menschen z.B. in der Synastrie Planeten eines anderen Menschens aspektiert, kann sein unaspektierter Planet gewissermaßen über das andere Horoskop einen »Ausweg« finden. Es kann sein, dass der andere gebraucht wird für den eigenen Ausdruck des abgehängten Planeten und oft entsteht so ein Band, das keiner der beiden Menschen in Worte fassen kann und doch beiden sehr viel bedeutet. Nicht eingebundenen Planeten muss also in der Partnerschaftsastrologie erhöhte Beachtung geschenkt werden.

Ein unaspektierter Planet kann durchaus eine empfindliche Stelle sein. Wenn er von einem anderen Menschen Spannungsaspekte wie *Oppositionen*, *Quadrate* oder je nach Planet auch *Konjunktionen* empfängt, dann kann sich derjenige mit dem isolierten Planeten manchmal schutzlos und verletzlich fühlen. Dies kann dazu führen, dass die Person mit dem abgehängten Planeten aus der Reserve gelockt wird und/oder dass dadurch die Beziehung in Gefahr gerät.

Beziehungen zu Menschen deren Radix-Planeten im *Trigon* oder *Sextil* zum unaspektierten Planeten stehen, können dabei helfen, diese Energie auf sinnvolle Weise zum Ausdruck zu bringen.

Das Häuserhoroskop

Oft sind abgehängte Planeten eines Geburtshoroskops im Häuserhoroskop – eine Entwicklung bzw. Technik der Huber-Schule – aspektiert.[15] Dies kann darauf hinweisen, dass der entsprechende Planet in der Kindheit bzw. im Familienumfeld unterstützt, genährt und gefördert wurde (blaue Aspekte) und dort eine Art von positivem Ausdruck fand. Vielleicht wurde er aber auch gehemmt oder gebremst (rote Aspekte) und bleibt deshalb im Radix unaspektiert.

Die Deutung eines im Geburtshoroskops unaspektierten Planeten, der eine Aspektierung im Häuserhoroskop ausweist, ähnelt meiner Meinung nach sehr stark der Deutung einer Synastrie (vgl. Abschnitt 5.3.1). Hier entsteht die Möglichkeit, dass sich der Planet durch die Interaktion mit der Außenwelt erfahren kann oder zumindest erfahren hat. Das Häuserhoroskop, als »Angebot« der Umwelt, kann durch die Welt der Eltern und der Familie, das soziale Umfeld und Milieu oder kulturelle Erbe eine Ausdrucksmöglichkeit für einen von der Persönlichkeit ansonsten losgelösten Planeten schaffen. Durch den Vergleich mit dem Häuserhoroskop wird vielleicht auch ersichtlich, dass der nicht eingebundene Planet von jemand anderem des sozialen Umfeldes wahrgenommen wurde oder wird. So wurde vielleicht der abgehängte Mars eines Mädchens an ihren Bruder abgegeben bzw. projiziert, während sie sich auf ihre Venus beschränkte. Vielleicht waren aber die Themen von Durchsetzung und Kraft in ihrer Umwelt auch negativ belegt, so dass diese Energie in der Folge verdrängt oder projiziert wurde.

Symbolische Direktionen: Alterspunkt und Harmonics

Jeder Alterspunkt-Aspekt[16] zu einem abgehängten Planeten – vor allem aber die direkten Übergänge – bietet eine gute Gelegenheit, die Qualität des Planeten und damit eine eigene Wesensqualität besser kennen zu lernen, die bis dahin vielleicht schlummerte oder der eigenen Willenssteuerung größtenteils entzogen war. Durch innere oder äußere Reize kann eine an sich selbst beobachtete Eigenart bewusster werden, eine nie richtig verstandene Seite der eigenen Persönlichkeit wird vielleicht klarer, das Funktionieren dieser bestimmten Fähigkeit deutlicher.

Jeder Alterspunkt-Aspekt zu einem unaspektierten Planeten stellt eine besondere Gelegenheit dar. Während dieser Zeit sollte sich der Horoskopeigner intensiv mit ihm bzw. seinen Qualitäten befassen, Erfahrungen dazu sammeln und eine Haltung des Experimentierens einnehmen. So kann er etwas Neues über diesen Planeten erfahren und den nicht integrierten Faktor in seinen Reaktionen beobachten, um so mit ihm schrittweise vertrauter zu werden. Unsere Aufgabe als Astrologen ist, den Klienten dazu zu ermuntern und mit ihm herauszuarbeiten, woran er die Eigenschaften des Planeten in seinem Leben erkennen wird.

Dabei ist jedoch zu beachten, dass der Alterspunkt-Übergang eine wesentliche Bereicherung, aber auch eine Irritation bewirken kann. Oft versteht die Umwelt des Klienten nicht, dass er in dieser Zeit plötzlich etwas tut, was vorher undenkbar war.

Die Arbeit mit Harmonischen Direktionen als eine Erweiterung der harmonischen Analyse des Horoskops (Harmonics) kann ebenfalls interessante Ergebnisse liefern, auch wenn die von John Addey entwickelte Methode etwas exotisch anmutet, schwieriger zu handhaben ist und bei einer ungenauen Geburtszeit zu groben Fehlberechnungen führt.

Transite

Ein Transit zu einem abgehängten Planeten wirkt ähnlich wie ein Alterspunkt-Aspekt. Meiner Meinung nach ist die Wirkung jedoch stärker und je nach transitierendem Planeten von kürzerer oder längerer Dauer sowie von seltener oder häufigerer Regelmäßigkeit. Besonders zu beachten sind Transite gleicher Planeten, also z.B. ein transitierender Mars, der über den abgehängten Mars im Radix hinwegzieht. Bei den inneren, sonnennahen Planeten sind die Übergänge häufiger infolge ihrer kurzen Durchlaufzeiten im Tierkreis. Der Mondtransit ist besonders interessant, ermöglicht er doch zyklisch alle 30 Tage ein Erleben der Qualität des aspektlosen Planeten bei dessen Passierung.

Ein Transit im *Quadrat* oder in *Opposition* zu einem unaspektierten Planeten könnte den Horoskopeigner zum Beispiel zwingen, sich mit den Eigenschaften bzw. »Problemen« dieses Planeten auseinander zu setzen und nach »Lösungen« zu suchen.

Ein laufender Planet im *Trigon* oder *Sextil* kann eine einfache »Lösung« zeigen, die auch noch angewandt werden kann, wenn der Transit vorüber ist. Steht zum Beispiel der laufende Neptun im 1. Haus im Trigon zum abgehängten Merkur im 9. Haus, könnte vom Klienten der beruhigende Effekt der Meditation entdeckt werden, der dem nicht aspektierten Merkur hilft, flüssiger zu kommunizieren. Wenn diese Möglichkeit, den eigenen Merkur zu aktivieren, erst einmal entdeckt ist, könnte das Verfahren auch noch nach dem Transit funktionieren.

Progressionen

Ähnliche Ergebnisse wie bei Transiten sind auch bei Progressionen zu verzeichnen. Zu beachten ist jedoch, dass der Fokus anders liegt: Transite sind äußere Konstellationen und zeigen damit eine Zeitqualität, welche uns durch Aspekte zu Radixplaneten berührt bzw. Themen auslöst. Progressionen hingegen geben uns jeweils eine direkte Erfahrung des Lebens und beschreiben längere Phasen einer inneren Entfaltung unseres Wesens. In diesem Sinne ist ein progressiver Aspekt zu einem abgehängten Planeten im Geburtshoroskop eine tiefer gehende Erfahrung und kann mehr als ein Transit dazu führen, dass ein Horoskopeigner mit der Energie des unaspektierten Planeten in Berührung kommt und dessen Energie erfahren und integrieren kann.

Sonderformen der Unaspektiertheit

Das Duett

Recht häufig sind in einem Horoskop zwei Planeten durch einen Hauptaspekt miteinander verbunden, bilden jedoch keine weiteren Aspekte mehr innerhalb des Horoskopes. Diese Kombination wird »Duett« genannt. Zwei so verbundene »psychische Inhalte« oder »Teilpersönlichkeiten« haben ebenso wenig Anschluss an den Rest der Psyche, wie es ein unaspektierter Planet hat. Entsprechend abgehängte Lebensbereiche bzw. Themen können nur erschwert in Beziehung zur Gesamtpersönlichkeit gebracht werden. So können beispielsweise Berufs- und Privatleben (Sonne/Mond), Gefühlsbereich und aktives Alltagsleben (Mond/Mars/Merkur) oder auch Erotik und Sexualität (Venus/Mars) oder auch das seelische Wohlbefinden (Mond) abgetrennt sein, was zum Gefühl führen kann, verschiedene Leben zu führen. Ein Duett kann deshalb in derselben Weise gedeutet werden wie ein unaspektierter Planet. Bei einem solchen – im Übrigen nicht aspektierten Planetenpaar – treten beide Planeten in Situationen gemeinsam auf. Durch die Aspekt-Verbindung der beiden Planeten kann sich der eine niemals von dem anderen lösen, und es ist auch deutlich feststellbar, wie die beiden miteinander wirken. Die Regel des »Alles oder Nichts« gilt damit für sie gemeinsam.

Auch beim Duett gibt es »Lösungen« in Form von Rezeptionen eines oder beider Duettpartner. Auch das Horoskop eines anderen Menschen kann einen »Ausweg« bieten. Ein Duett kann ebenso wie ein einzelner unaspektierter Planet manchmal unerfreulich sein; gebrauchte Aussagen wie etwa »Möglichkeit der Schizophrenie« oder »gespaltener Charakter« sind jedoch meines Erachtens nicht zulässig. In der Praxis kann ein Duett wie eine x-beliebige Aspektfigur interpretiert werden, die losgelöst ist vom restlichen Aspektgefüge. Hierbei tun sich in der Regel interessante Persönlichkeitsanteile auf, die vielleicht unterdrückt oder verdrängt werden, vielleicht aber auch nur ein Eigenleben führen oder einen speziell abgegrenzten Charakterzug des Horoskopeigners thematisieren.

Ein für mich sehr spannendes Beispiel ist Edgar Cayce, der »schlafende Prophet«, der wohl das erste Medium bzw. »Channel« war, dem eine große Aufmerksamkeit zuteil wurde und von dem etwa ein Dutzend Bücher auf dem Markt sind. Cayces Horoskop weist ein Duett auf, das mit Pluto am MC Quadrat zu Uranus am AC Sinnbild für sein Dilemma war, als überzeugter Christ und Anhänger der »Tod-und-dann-warten-bis-zum-jüngsten-Gericht-Haltung« zuerst selbst am allerwenigsten glauben konnte, was er in Trance über die Realität der Wiedergeburt und der »1000 Leben« eines Menschen sagte.[17]

Ein einziger Aspekt: Eine Sonderform?

Ein weit verbreitetes Horoskopmerkmal ist ein Planet, der nur einen Aspekt aufweist. Es ist leicht nachvollziehbar, dass ein einziger Aspekt eine größere Bedeutung hat als wenn er einer unter vielen wäre; der Energiefluss des betreffenden Planeten ist gestärkt und konzentriert in Richtung des mit ihm verbundenen Planeten.

Eine Ähnlichkeit mit einem vollständig unaspektierten Planeten ist jedoch nicht festzustellen, es sei denn, es handle sich um einen einseitigen oder »Good-Will-Aspekt«.

Über den Autor

Geboren am 24.01.1966 um 12.50 Uhr in Zug, Schweiz.
Studium der Betriebswirtschaftslehre an der Hochschule St. Gallen (HSG). Ausbildung zum dipl. psychologischen Berater am Alfred Adler Institut (AAI) und zum dipl. Astrologen an der Fachschule für integrative Astrologie (FIA), beide in Zürich. Weiterbildung am Centre for Psychological Astrology von Liz Greene.
Heute tätig als Ausbildungsleiter eines Wirtschaftsprüfungsunternehmens. Daneben selbständiger psychologischer und astrologischer Berater, Begleiter und Coach.
Gabriel E. Affentranger ist verheiratet und Vater einer kleinen Tochter.

Andere Veröffentlichungen des Autors

Astrologie in der individualpsychologischen Beratung. (Anwendung und Vergleich der beiden Systeme in Theorie und Praxis). Diplomarbeit zur Erlangung des Diploms als individual-

psychologischer Berater, eingereicht am Alfred Adler Institut (AAI) der Schweizerischen Gesellschaft für Individualpsychologie, Zürich (April 1999).
Über Sinn und Unsinn der Astrologie. In: Wassermann-Zeitalter 2/97. Matten/Interlaken: März 1997. S. 6-9.
In erster Linie sind wir Menschen. In: TEAM. Personalzeitung der Credit Suisse. Zürich: Dezember 1999. S. 2.

Kontaktadresse: »Im Sternenhorst«
Wannenstrasse 11
CH - 8610 Uster
4manan@bluemail.ch

Dank

Mein Dank an dieser Stelle gehört meinen Lehrern Frank Sperdin und Liz Greene, die mir vieles von dem vermittelt haben, was ich heute über die Astrologie weiß. Vor allem Liz hat mir immer wieder gezeigt, wie heilsam der Umgang mit Astrologie sein kann – für sich selbst und für andere.

Mein größter Dank gilt meiner Frau und Astrologie-Kollegin Tanja, die mich bei dieser Arbeit unterstützte und diese durch ihren Input und ihre konstruktive Kritik mitprägte. Der Austausch mit ihr war und ist mir sehr wichtig – auch für meine astrologische Arbeit.

Ich trage dich in meinem Herzen.

Literatur

Bachmann, Verena: *Unaspektierte Planeten.* Astrologie Heute. Astrodata Zürich: Nr. 11, Feb./März 1988, S. 13-15, Nr. 12, April/Mai 1988, S. 15-16, Nr. 13, Juni/Juli 1988, S.12-13ff.

Boot, Martin: *Das Horoskop.* Einführung in Berechnung und Deutung. Knaur Taschenbuch 86145. München: 1997, S. 255f.

Dean, Geoffrey: *Recent Advances in Natal Astrology.* Verlag und Erscheinungsjahr unbekannt.

Hamaker-Zondag, Karen M.: *Deutung von Aspekten und Aspektfiguren.* Hugendubel-Verlag. München: 1998, S. 69ff

Huber, Bruno und Louise: *Lebensuhr im Horoskop.* Altersprogression, Band 1. API-Verlag. Adliswil/Zürich: 1990, S. 88f.

Huber, Bruno und Louise: *Aspektbild-Astrologie.* API-Verlag. Adliswil/Zürich: 1999, S. 80f.

Huntley, Janis: *Fehlende Komponenten im Horoskop.* Hier & Jetzt Verlag. Hamburg: 1996, S. 128ff.

Marks, Tracy: *Die Kunst der Horoskop-Synthese.* Zentrale Lebensthemen im Geburtshoroskop. Hier & Jetzt Verlag. Hamburg: 1993, S. 76.

Marks, Tracy: *Astrologie der Selbstentdeckung.* Eine Reise in das Zentrum des Horoskops. Hier & Jetzt Verlag. Hamburg: 4. Aufl. 1993, S. 161f.

Mertz, B. A.: *Psychologische Astrologie II.* Ansata-Verlag. Interlaken: 1981, S. 313-337

Tierney, Bil: *Dynamik der Aspektanalyse.* Hugendubel-Verlag. München: 1990, S. 223ff.

Theler, Brigitte: *Der Schatten im Horoskop.* Astrologie Heute. Astrodata Zürich: Nr. 77, Feb./März 1999, S. 27.

Anmerkungen

1 An dieser Stelle möchte ich darauf hinweisen, dass dieses Buch bewusst in der männlichen Form gehalten ist, wobei ganz offensichtlich Vertreter und Vertreterinnen (da haben wir es also schon ...) beider Geschlechter gemeint sind. Komplizierte Satzkonstruktionen, die der Zweigeschlechtlichkeit der Menschheit gerecht würden, haben mich weit mehr geschreckt als allfällige sexistische Anfeindungen, welche ich mit meiner unzeitgemäßen monosexistischen Schreibweise provoziere. Ich bitte Sie, liebe Leserin, um Verständnis.
2 Eigentlich ein juristischer Ausdruck, der mir jedoch sehr gefällt und hier passt. Sui generis, lateinisch für »der eigenen Art, durch sich selbst eine Klasse bildend«.
3 Offensichtlich kann dies je nach Astrologieschule variieren, da die verschiedenen Schulen verschiedene Orben benutzen. Dies bedeutet, dass – je nach Orbentabelle einer Astrologieschule – ein Planet an- oder abgehängt sein kann. So sind denn auch die meisten meiner Angaben bezüglich der Horoskope prominenter Personen mit abgehängten Planeten aus der Literatur entnommen.
4 Der Talpunkt ist Teil eines sehr hilfreichen Konzeptes der Huber-Schule zur Erfassung der Intensitätskurve innerhalb eines Hauses. Die Kräfte von Planeten am Talpunkt ziehen sich nach innen zurück und werden introvertiert gelebt. Damit entsteht eine gewisse »Verwandtschaft« zu aspektlosen Planeten. Mehr in: Huber, Bruno und Louise: Die Astrologischen Häuser. Verlag API. Adliswil/Zürich: 1975, S. 175ff
5 Huntley, Janis: Fehlende Komponenten im Horoskop. Hier & Jetzt Verlag. Hamburg: 1996.
6 Vgl. mit Fußnote 4

7 Siehe Liz Greenes Horoskop in: Huber, Bruno: Astro-Glossarium. Das ABC der Astrologie, Band 1: A-G. Verlag API. Adliswil/Zürich: 1995, S.277.
8 Hamaker-Zondag, Karen M.: Deutung von Aspekten und Aspektfiguren. Hugendubel-Verlag. München: 1998, S. 74
9 Huber, Bruno & Louise. Aspektbild-Astrologie. API-Verlag. Adliswil/Zürich: 1999, S. 80f.
10 siehe hierzu Bernd A. Mertz, Venus und Merkur, Mössingen: 1997
11 Bachmann, Verena: Unaspektierte Planeten. Astrologie Heute. Astrodata Zürich: Nr. 11, Feb./März 1988, S. 14
12 Affentranger, Gabriel: Astrologie in der individualpsychologischen Beratung. (Anwendung und Vergleich der beiden Systeme in Theorie und Praxis). Zürich: 1999.
13 Alfred Adler ist neben Freud und Jung der Begründer der dritten klassischen tiefenpsychologischen Richtung, die er »Individualpsychologie« nannte. Wie die Jung'sche Psychologie und entgegen der Freud'schen Psychologie eignet sie sich hervorragend zur Kombination mit der Astrologie.
14 Siehe z.B. in: Rudhyar, Dane, Astrologie der Persönlichkeit, Tübingen 2002 oder Charubel und Sepharial Symbolische Tierkreisgrade, Tübingen: 2004.
15 Im Häuserhoroskop werden Aspekte nicht durch die Planetenlage in den *Zeichen*, sondern in den *Häusern* definiert. Dies weist darauf hin, dass die Verbindungen (Aspekte) im Zusammenhang mit der *Umwelt* zustande kommen.
16 Der Alterspunkt (oder auch Altersprogression) bewegt sich ab dem Geburtsmoment vom Aszendenten aus mit einer bestimmten Geschwindigkeit pro Haus durch das Radixhoroskop. Die Huber-Schule verwendet einen Rhythmus von sechs Jahren pro Haus, während die Münchner Rhythmenlehre um Wolfgang Döbereiner mit einem Rhythmus von sieben Jahren arbeitet.
17 Mehr in: Cayce, Edgar: Die tausend Leben deiner Seele – Karma und Reinkarnation. Goldmann Verlag. München: 1993.

Standardwerke der Astrologie

BERND A. MERTZ

Venus und Merkur

als Morgen- und Abendstern im Horoskop
Broschur, 112 Seiten, 38 Abbildungen

ISBN 3-925100-28-8

Der Morgen- oder Abendstern ist eine uns allen vertraute Himmelserscheinung, die uns über verschiedene Etappen eines Jahres begleitet. Schon Pythagoras erkannte, daß es sich dabei um die zwei Gesichter eines Planeten handelt. Heute wissen wir, daß sowohl Merkur als auch Venus Morgen- oder Abendstern sein können. Bernd A. Mertz ist einer der wenigen Astrologen, der diese Unterscheidung mit in seine Betrachtung integriert. Merkur als Morgenstern ist mit dem Zeichen Zwillinge verwandt, Merkur als Abendstern mit dem Zeichen Jungfrau. Venus als Morgenstern findet ihre Entsprechung im Stier, während Venus als Abendstern zum Zeichen Waage gehört. Auf diesem Weg kann der Autor auf schlüssige Weise erklären, warum die unteren Planeten in der Astrologie jeweils zwei verschiedene Zeichen prägen. Neben den mythologischen Hintergründen, zeigt er die astronomischen Zusammenhänge auf. Dabei wird deutlich, daß Venus ein Pentagramm am Himmel beschreibt, während der Merkur ein Hexagramm abbildet. Er untersucht diese verborgene Symbolik und zeigt: Venus und Merkur werden in der Astrologie stark unterschätzt. Für den praktischen Gebrauch beschreibt er ausführlich die Deutung von Morgen- und Abendstern im Geburtshoroskop.

Nach der Lektüre dieses Buches wird klar, daß eine sinnvolle Wiederholung des ursprünglichen astrologischen Wissens von Zeit zu Zeit äußerst sinnvoll und befruchtend auf den täglichen Umgang mit den Sternenweisheiten sein kann.   Synthese

CHIRON VERLAG

Standardwerke der Astrologie

ERIN SULLIVAN

Jupiter

Die innere Weisheit im Horoskop finden
136 Seiten, Broschur

ISBN 3-925100-50-4

Jupiter verkörpert unseren Instinkt, um eine neue Weltanschauung hervorzubringen, unser Wissen zu erweitern, in unbekannte Gebiete vorzudringen und uns mit fremden Menschen und Dingen vertraut zu machen. Die Autorin vermittelt einen hervorragenden Einblick in die Mythologie Jupiters. Sie gibt praktische Anweisungen für die Betrachtung der Winkelverbindungen und für einen zeitgemäßen Umgang mit den Mythen. Jupiter, der klassische Wohltäter, kann aber auch die tyrannische Komponente im Horoskop repräsentieren. Seine Weisheit ist ein Ergebnis der Verinnerlichung der weiblichen Archetypen. Wenn wir die ursprüngliche Jupiter-Zeus Allegorie als Ausgangspunkt nehmen, dann ist Jupiter der Held in uns. Oft entsprechen die Jupiter-Regionen in unserem Horoskop (d.h. die eigentliche Jupiter-Platzierung, das 9. Haus und der Bereich des Schützen) jenem Lebensbereich, in dem wir die größte Autorität über Natur und Gesellschaft brauchen. In diesem Bereich ist es unsere Aufgabe, ein Gefühl des Wohlbefindens, der geistigen Sicherheit und vor allem innere Weisheit zu erlangen.

Ein hervorragendes Buch; es vermittelt wunderbare Einsichten in die Fragen des Lebens, der Liebe und der Sinnfindung und ich empfehle es allen, die neugierig sind auf neue Erkenntnisse über den klassischen Wohltäter.   *The Mountain Astrologer*

Standardwerke der Astrologie

LIZ GREENE

Neptun, die Sehnsucht nach Erlösung

*Der Planet der Gegensätze und seine astrologische Deutung
Gebunden, 554 Seiten, 21 Abb.,
2. überarb. und aktualisierte Auflage*

ISBN 3-925100-77-6

Jeder Versuch, Neptun zu verstehen, verlangt von uns, dass wir uns auf verschlungene Wasserwege begeben. Doch fast immer geht es um die Sehnsucht nach Erlösung, die wiederum an eine Erwartung geknüpft ist. Dieser Gedanke spielte schon im Christentum eine gewichtige Rolle. Auch wenn moderne Menschen diese Hypothese sehr in Frage stellen mögen, so sind sie Neptun doch genauso hörig - nur eben auf andere Weise. Sie projizieren Neptun weniger auf die Religion als auf das Alltagsleben, auf Partnerschaft oder Beruf.
Neptun sehnt sich nach der Wiedervereinigung mit allem Sein. In zahlreichen mythologischen Varianten wird aufgezeigt, wie der Mensch aus dem glückseligen, aber unbewussten Zustand des Paradieses in die materielle Welt und Polarität fällt und sich sehnsüchtig den Zustand ewiger Glückseligkeit zurückwünscht. Doch er kann und soll nicht zurück.
Liz Greene stellt ausführlich Neptuns Rolle in der Mythologie, in der Psychologie und in der Gesellschaft in einer schillernden und eindrücklichen Bandbreite vor. Außerdem beschreibt sie in einem weiteren Teil die einzelnen Stellungen von Neptun in den Häusern und bei Aspekten sowie im Partnervergleich und im Composit.

CHIRON VERLAG

Standardwerke der Astrologie

LIZ GREENE

Uranus im Horoskop

*Prometheus und die Kunst,
das Feuer zu stehlen
320 Seiten, 12 Abbildungen, Broschur*

ISBN 3-925100-44-X

Uranus ist immer für eine Überraschung gut! Vor allem lässt sich seine astrologische Bedeutung nicht einfach festlegen. Gerne wird er mit dem Begriff »Individualität« gleichgesetzt, doch damit werden die uranischen Kräfte nicht umfassend beschrieben.
In dem vorliegenden Buch zeigt Liz Greene die Querverbindungen zu mythologischen Bildern und zu historischen Ereignissen auf. Dabei stützt sie sich vor allem auf den Mythos des Prometheus, der den Göttern das Feuer der Kreativität stiehlt und den Menschen damit die Möglichkeit zur Bewusstseinserweiterung gibt. Die Strafe des Prometheus steht für den Preis, den wir für nicht gelebtes uranisches Wissen bezahlen.
Uranus' Bedeutung im Geburtshoroskop wird ausführlich besprochen. Dabei stehen vor allem die Stellung in den Häusern, die Aspekte zu den persönlichen Planeten sowie sein Bezug zum Körperbewusstsein im Mittelpunkt.
Im zweiten Teil werden die Transite von Uranus und Saturn untersucht. Indem Li Greene einen mythologischen und psychologischen Zugang wählt, eröffnet sie dem Leser die Möglichkeit, über eine oberflächliche Deutung anhand von Schlüsselbegriffen hinaus zu gelangen. Ein umfassendes und in die Tiefe gehendes Buch über den Planten Uranus im Horoskop, das seinesgleichen sucht.

Standardwerke der Astrologie

KAREN HAMAKER-ZONDAG

Saturn im Transit durch die Häuser

196 Seiten, Broschur

ISBN 3-925100-64-4

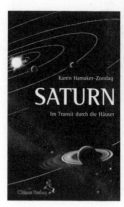

In diesem Buch werden die Chancen des Transits von Saturn durch die Häuser analysiert. Wir können lernen, dass dieser Planet uns auf eine besondere und direkte Weise mit unserer Vergangenheit und unserer Zukunft verbindet und somit einen roten Faden durch unser Leben webt. Außergewöhnlich ist dabei die erweiterte Sichtweise der Autorin, dass jedes Haus mit einer Reihe anderer Häuser des Horoskops verbunden ist. Saturn im Transit durch ein Haus bringt meist eine Reaktion im nachfolgenden Haus mit sich. Oft löst er auch eine Reaktion im gegenüberliegenden Haus aus. Daher hat das, was Saturn in einem bestimmten Haus zu Stande bringt, auch Folgen für ganz andere Lebensbereiche. Auch wenn Saturns Gang durch die Häuser oft als schwierig erlebt wird, erweist es sich, dass in diesem Transit ein tieferer Sinn liegt. Wenn Sie dabei zu den richtigen Einsichten gelangen und auf gute Weise an die Dinge herangehen, kann die Belohnung großzügig ausfallen.

Ein interessantes, lehrreiches Buch, das uns zeigt, dass Saturns Lauf durch die Häuser meist zwar als schwierig erfahren wird, seine Aufgabe aber darin liegt, uns mit unserer eigenen Geschichte zu verbinden und uns letztlich dazu verhelfen kann, unsere Schwierigkeiten aufzulösen. *Meridian*